JON FEENSTRA

PANZERJÄGER ON THE BATTLEFIELD

★ WORLD WAR TWO PHOTOBOOK SERIES ★

volume 15

Kiadja / Published by
PeKo Publishing Kft.
8360 Keszthely, Bessenyei György utca 37.
Email: info@pekobooks.com
www.pekobooks.com

Felelős kiadó / Responsible publisher
Péter Kocsis

Írta / Author
Jon Feenstra

A magyar szöveget szakmailag lektorálta / Hungarian text's proofreading:
Norbert Számvéber

Printed in Hungary

Fotók / Photos
Péter Kocsis, Karlheinz Münch, NARA, AMC, Library and Archives Canada

Kiadás éve / First published
2017

ISBN 978-615-5583-07-0
ISSN 2063-9503

KÖSZÖNETNYILVÁNÍTÁS

Ugyan az én nevem szerepel a borítón, azonban ilyen jellegű könyv nem készülhetett volna el számos ember támogatása, és még több ember kutatómunkája nélkül. Köszönet illeti Kocsis Pétert a kiadványban szereplő fényképekért, és a bíztatásért, hogy belevágjak a munkába. Szerencsésnek mondhatom magam, mivel baráti köröm hasonló érdeklődésű, és a legtöbb esetben az enyémnél jóval tágabb ismeretekkel rendelkező tagjai vannak. Külön ki kell emelnem Ron Volstad és Tom Cockle segítségét, akik mindig a rendelkezésemre álltak, ha kérdésem volt.

Jon Feenstra

ACKNOWLEDGEMENTS

Although my name is on the cover, no book of this nature can be written without the support of numerous people and the research of others. Thanks to Peter Kocsis for supplying the photographs contained herein and entrusting me with the writing of this. I'm fortunate to have a great group of friends with similar interests and in most cases knowledge of the subject matter that is far greater then mine. Special mention must be made of Ron Volstad and Tom Cockle who are always there to answer my questions.

Jon Feenstra

BEVEZETŐ

A páncélvadász (Panzerjäger) elnevezés még nem létezett, de a mozgékony páncéltörő fegyverek ötlete már jóval Hitler és nemzetiszocialista rendszerének hatalomra kerülése előtt felvetődött. A harckocsik első világháborús megjelenésével együtt az ellenük hatásos fegyver iránt is igény mutatkozott. Németország a háborút követően folytatta a vontatott páncéltörő ágyúk fejlesztését, ám 1927-re már kezdett kialakulni egy új irányvonal is, amelynek alapján ezeket a fegyvereket kerekes vagy lánctalpas alvázak alkalmazásával mozgékonnyá kívánták tenni. Sajnálatos módon a kor gyenge gazdasági helyzete meggátolta a kiterjedt kutatási és fejlesztési programokat, így a kezdeti erőfeszítéseket végül elutasították. Az újabb háború kitörését megelőzően született páncélvadász tervek a mozgékonyság és a költségek optimalizálását szem előtt tartva mind féllánctalpas járműveken alapultak. Az első program 1935-ben kezdődött. Ennek során toronyban elhelyezett 3,7 cm-es, illetve 7,5 cm-es lövegeket terveztek felszerelni átalakított 3 és 5 tonnás alvázakra (az Sd.Kfz. 11 és az Sd.Kfz. 6 féllánctalpas vontatók korai változataira). Végül mindkét ötletet elutasították, mivel semmivel sem bizonyultak előnyösebbnek a csak lánctalpas alvázaknál – bár a 7,5 cm-es változat végső változatából (Panzer-Selbstfahrlafette II) két próbajárművet elkészítettek és 1941-ben Észak-Afrikában ki is próbálták harci körülmények között. Mindkét jármű veszteséglistára került. Sokkal sikeresebbnek bizonyult az az 1938-ban épített sorozat, amely tíz, részben páncélozott Sd.Kfz. 8 féllánctalpas vontatóból állt. A járművekre a földi harcok megvívásához némileg átalakított 8,8 cm-es FlaK 18 ágyúkat építettek. Ezek 1939-ben részt vettek Lengyelország lerohanásában és személyzetük elégedett volt velük. További gyártásukra azonban nem került sor, a meglévő példányok 1943 márciusára mind odavesztek. A páncélvadász alakulatok ezeknek az önjáró (8,8 cm-es FlaK 18 Sfl. Auf schwere Zugkraftwagen 12t [Sd.Kfz. 8]), és néhány szintén átalakított, de 12 tonnás féllánctalpassal vontatott fegyvernek a kivételével kizárólag a 3,7 cm-es vontatott páncéltörő ágyúval kezdték meg a Lengyelország elleni háborút. Megjegyzendő, hogy kifejlesztésük és gyártásuk során az összes, itt bemutatásra kerülő páncélvadász elnevezése több esetben megváltozott, illetve némelyik jármű igen hosszú jelölést kapott. A könyvben a leggyakoribb elnevezéseket, vagy a rövidített változatukat használjuk.

PANZERJÄGER I

Mivel Németország nem rendelkezett megfelelő lövegekkel, a Fegyverzetügyi Hivatal (Waffenamt) figyelme a rendelkezésükre álló legjobb fegyver felé irányult: a csehszlovákiai Skoda által gyártott 4,7 cm Pak (t) páncéltörő ágyúra (a gyár Csehszlovákia bekebelezését követően a német hadiipar részére termelt). A könnyen hozzáférhető Pz.Kpfw. I ekkor harckocsiként már elavultnak számított, ezért a jármű Ausf. B változatának alvázát választották ki az első, kizárólag lánctalpas futóművel rendelkező önjáró páncélvadász alapjaként. A harcjármű eredeti elnevezése 4,7 cm Pak (t) auf Pz.Kpfw. I (Sd.Kfz. 101) lett. Az első sorozatot még ötoldalú felépítménnyel készítették, ezért a löveg kezelői hátulról és felülről teljesen védtelenek voltak, a kialakított páncélzat viszont csak a kézifegyverek tüze, illetve gránátszilánkok ellen nyújtott védelmet. A löveg ugyanakkor beváltotta a hozzáfűzött reményeket és sikeresnek bizonyult a franciaországi hadjárat során. 1940 májusáig 132 példányt gyártottak, amelyek legtöbbjét négy önálló önjáró páncélvadászosztály (Panzerjäger Abteilung [Sfl]) között osztották szét. 1940 végén, 1941 elején a veszteségek pótlására, illetve újabb egységek felszerelésének érdekében további 70 darabot gyártottak. Elsődleges változtatásként a felépítményt immáron hét lemezből állították össze, hogy növeljék a személyzet védelmét. A négy már létező alakulat mellé két új páncélvadászosztályt állítottak fel, és néhány kisebb egység is kapott a járművekből. A Panzerjäger I Észak-Afrikában és Oroszországban teljesített szolgálatot, néhány példányuk egészen 1944-ig.

PZ.SFL.1 FÜR 7,62 CM PAK 36 (SD.KFZ. 131) ÉS PZ.SFL. 2 FÜR 7,62 CM PAK 36 (SD.KFZ. 132)

A Szovjetunió 1941 júniusi lerohanásakor („Barbarossa" hadművelet) a Wehrmachtot szinte sokkolta, hogy a rendelkezésükre álló páncéltörő ágyúkkal rendkívül nehéz leküzdeni a számukra ismeretlen T-34 és KV harckocsikat. A háború első hónapjaiban jelentős mennyiségű szovjet 7,62 cm-es F-22 tábori ágyút zsákmányoltak, így a Gyorscsapatok Felügyelő Hivatala (Inspektorat 6) megbízta a Fegyverzetügyi Hivatalt, hogy ezeket a lövegeket a Pz.Kpfw. 38(t) vagy a Pz.Kpfw. II Ausf. D harckocsik alvázával összeépítve, fejlesszen ki egy megfelelő páncélvadászt. Elsőként a Pz.Kpfw. II Ausf. D2 alvázára épült (napjaink szaknyelvében gyakran Marder II Ausf. D-ként szerepel) Pz.Sfl. 1 készült el. Ebből 1942 májusáig 150 darabot gyártottak, majd 1942 júniusa és 1943 júniusa között további 52 darab készült el Ausf. D1 alvázon. Mivel az Ausf. D alváz gyártása korlátozott volt, több nem készült. A járművek többsége 1943 közepére veszteséglistára került. A Pz.Sfl. 1 páncélvadásszal egyidőben folyt a Pz.Sfl. 2 (amely végül a Marder III/Sd.Kfz. 139 jelölést kapta) gyártása. Az első példányt 1942 júniusában adták át. Tekintettel arra, hogy a Pz.Kpfw. 38(t) alváza bőségesen rendelkezésre állt, ebből a típusból jóval több készült: a legyártott 344 darab járműből 1942 októberében adták át az utolsót.

MARDER II ÉS MARDER III AUSF. H

A szovjet eredetű 7,62 cm-es Pak(r) – annak ellenére, hogy még mindig csak rögtönzött megoldást jelentett - fölényhez jutatta ugyan a páncélvadászokat, de mivel csak korlátozott példányszámban állt rendelkezésre, szükségessé vált egy olyan jármű megtervezése, amelyre a hasonló kapacitással rendelkező német 7,5 cm-es Pak 40 páncéltörő ágyút szerelik fel. 1942 májusára mind a Pz.Kpfw. II, mind a Pz.Kpfw. 38(t) harcértéke lecsökkent, ezért döntés született arról, hogy ezeknek a járműveknek az alvázain fejlesszenek ki páncélvadászokat. A Pz.Kpfw. 38(t) könnyűharckocsin alapuló Marder III Ausf. H kifejlesztése ismét késedelmet szenvedett, az első járműveket csak 1943 januárjában utalták ki a csapatoknak. Ezzel szemben a Marder II gyártása gyorsabb ütemben haladt, a páncélvadász-századok már 1942 augusztusában megkapták az első páncélosokat. Az 1943. június közepén lezárt gyártás során 531 új példány hagyta el a gyártósorokat, bár több páncélvadász már meglévő Pz.Kpfw. II Ausf. A/B/C és F alvázára készült. A Marder III Ausf. H-ból jóval kisebb széria épült meg. 1943 májusáig 275 darabot gyártottak, ezt követően a Marder III Ausf. M vette át a helyét.

MARDER III AUSF. M ÉS HORNISSE/NASHORN

A korábbi, inkább csak átmeneti jelleggel kifejlesztett Marder II-vel és Marder III Ausf. H-val szemben a Marder III Ausf. M-et és a Nashornt már kifejezetten páncélvadász feladatra tervezték, még azzal együtt is, hogy továbbra sem rendelkeztek megfelelő páncélvédelemmel. A Marder III Ausf. M a Pz.Kpfw. 38(t) átalakított alvázára épült. A jármű motorját áthelyezték középre, így jobb lett annak a súlyelosztása. A hátulra beépített 7,5 cm-es Pak 40 lehetővé tette egy jóval hatékonyabb, körkörös védelmet nyújtó küzdőtér kialakítását, ami azonban továbbra is csak a kézifegyverek és gránátszilánkok ellen nyújtott védelmet, és felülről még mindig nyitott volt. Valamivel több, mint 1000 darab új, illetve átalakított páncélvadász készült 1944 júniusáig. A 8,8 cm-es Pak 43 páncéltörő ágyú kifejlesztésével felmerült az igény az önjáró változat iránt is. Bár egy új jármű elkészítését tervezték, ismét úgy döntöttek, hogy célszerű egy már bevált alapjárművet felhasználni a gyártás lehető leggyorsabb megkezdésének érdekében. A választás a Hummel önjáró löveghez kifejlesztett alvázra esett, amely a Pz.Kpfw. III páncélteknőjének és hajtásláncának, illetve a Pz.Kpfw. IV motorjának és futómű felfüggesztésének a kombinációja volt. Az első Hornisse/Nashorn páncélvadász 1943 februárjában készült el, és 1945-ig 504 járművet gyártottak le.

FERDINAND/ELEFANT

A páncélvadász alakulatok 1943 közepén kapták meg a kifejezetten nekik tervezett járművet, amit már kellő páncélvédelemmel és a hatásos 8,8 cm-es Pak 43 löveggel láttak el. A sajnálatosan kis mennyiségben (90 darab) rendelekezésre álló alváz miatt azonban csak két osztályt tudtak Ferdinand/Elefant páncélvadászokkal felszerelni. Ráadásul a járművek korlátozott mozgékonysága, műszaki megbízhatatlansága, a személyzet rossz kilátása a páncélosból és korlátozott önvédelmi lehetősége az ellenséges gyalogsággal szemben a reméltnél gyengébb teljesítményt eredményezett a kurszki csatában. A nehéz páncélvadászokat megfelelő körülmények között igen hatásos fegyverként lehetett alkalmazni, ám a csataterek valósága a legtöbb esetben ezt nem tette lehetővé – így a Ferdinand/Elefant páncélosok többsége műszaki problémák miatt veszett el, nem harci cselekmények következtében.

STURMGESCHÜTZ

Némileg ironikus, hogy a páncélvadász csapatok által legeredményesebben alkalmazott járművet eredetileg nem ilyen feladatokra tervezték, s végül mégis ezekből fejlesztették ki a vadászpáncélosok sorozatát. A Sturmgeschütz-öt a rohamtüzérség számára tervezték, hogy közvetlen támogatást nyújthassanak a gyaloghadosztályok számára. A rohamlövegek eredeti, 7,5 cm-es L/24-es ágyúja ugyan középszerűnek bizonyult a harckocsik elleni összecsapásokban, a háború előrehaladtával azonban az egyre erősebb lövegekkel felszerelt rohamlövegeket mind gyakrabban alkalmazták páncéltörő feladatkörben. A harckocsigyártás 1943 elejére lendületét veszítette, s ezért – a tüzérség tiltakozása ellenére – a páncélos csapatok, s természetesen a páncélvadász alakulatok számára is elkezdték kiutalni a rohamlövegeket. Év végére a rendelkezésre álló járművek mintegy 35%-a a rohamtüzérség állományán kívül teljesített szolgálatot, ebből nagyjából 5% a páncélvadász alakulatokhoz került. A háború végéig több mint 10 000 darab – többségében StuG. III és StuG. IV, illetve 10,5 cm-es StuH42 – jármű készült. A páncélvadász alakulatoknak egészen 1944-ig kellett várniuk, hogy hozzájussanak egy olyan – a rohamlövegek inspirálta -, kifejezetten páncélvadász feladatokra tervezett járműhöz, amely megfelelően egyesítette magában a páncélvédelem, a tűzerő és a mozgékonyság iránti követelményeket: ez volt a Jagdpanzer IV vadászpáncélos. A járművet kezdetben ugyanolyan hatásfokú fegyverzettel látták el, mint a StuG. III/IV rohamlövegeket, végül a 7,5 cm-es Pak 42 L/70 löveggel szerelték fel, amely kiváló tulajdonságokkal rendelkezett. Ekkor azonban már az összes alakulat járműhiánnyal küszködött, így a páncélvadászoknak be kellett érniük azzal, ami a rendelkezésükre állt. Az általános hiány miatt számos páncélosalakulatot szintén vadászpáncélosokkal szereltek fel.

Ahogy a rohamlövegeket a gyalogság támogatására fejlesztették ki, úgy a páncélvadászokat eleinte olyan mozgékony alakulatokba osztották be, amelyek harckocsijai nem rendelkeztek megfelelő páncéltörő képességgel. Annak ellenére, hogy a páncélos egységek számára a páncélvadászok teljesítményével megegyező, vagy annál jobb harcjárműveket biztosítottak, ezek mennyisége sohasem volt kielégítő. Emiatt, s mivel költséghatékonyabbak is voltak, a páncélvadászok a háború legvégéig szolgálatban maradtak.

Jon Feenstra

INTRODUCTION

While not initially called Panzerjäger (tank hunter), the idea of mobile anti-tank weapons started long before the rise of Hitler and his Nazi regime. With the advent of the tank in the First World War, the need for weapons to counter this new form of warfare arose. After the war ended, Germany proceeded to develop dedicated anti-tank guns in the towed variety, but by 1927 the idea of mobilizing these on wheeled or tracked chassis was starting to ferment. Unfortunately, the poor economic situation at the time precluded extensive research and development programs, and thus the initial developments were token efforts that were ultimately rejected. The only pre-war Panzerjäger projects that showed promise were half-track based vehicles, which were thought to give the optimum combination of mobility and cost. The first project started in 1935 and used 3.7cm and 7.5cm turreted guns mounted on modified 3-ton and 5-ton chassis (i.e. the early designs of the Sd.Kfz.11 and Sd.Kfz.6 respectively). Ultimately, both designs were rejected as they had no advantages over full-tracked chassis, although the final iteration of the 7.5cm version - called Panzer-Selbstfahrlafette II - had two trial vehicles built and sent to North Africa in 1941 for testing, where both were lost. More successful were a series of ten Sd.Kfz.8 partially armored 12-ton half-tracks carrying the 8.8cm Flak 18 modified slightly for ground use, built in 1938 and used during the 1939 invasion of Poland. The vehicles were liked by the users, but no further production took place and all were lost by March 1943. With the exception of these self-propelled 8.8cm Flak 18 Sfl. auf schwere Zugkraftwagen 12t (Sd.Kfz.8) and a few modified Flak 18 towed by armored 12-ton half-tracks, the Panzerjäger units entered the war with Poland equipped with the towed 3.7cm Pak 36. These soon proved their inadequacy both in penetration capabilities and the ability to get into action quickly, and by early 1940 the Waffenamt (ordnance department) requested the development of a more powerful, more mobile weapon. It should be noted that all of the Panzerjäger vehicles described herein went through numerous name changes throughout their development and production, some very lengthy. Some of the more common names are used here, or shortened versions.

PANZERJÄGER I

Since Germany had no suitable guns, the Waffenamt turned to the best weapon currently available – the Czechoslovakian 4.7cm Pak(t), produced by Skoda following the annexation of the country. The readily available Pzkpfw. I was becoming obsolete, so the Ausf.B chassis was chosen as the basis for the first full-tracked self-propelled Panzerjäger, originally called the 4.7cm Pak(t) auf Pz.Kpfw.I (Sd.Kfz.101). The first series had a five-sided superstructure, so the gun crew was fully exposed from the rear and top, with minimal protection against small arms fire and shrapnel. However, the gun proved its worth and was deemed successful during the French campaign. By May 1940, 132 vehicles had been produced and most were issued to four independent Panzerjäger-Abteilung (Sfl)/self – propelled tank destroyer battalions.

To make up for losses and equip additional units, a second series of 70 vehicles was produced in late 1940/early 1941. The primary change was a seven-sided superstructure to provide additional protection for the crew. Along with the four original units, 2 additional Pz.Jg.Abt. were raised, and vehicles also went to a few smaller units. The Panzerjäger I saw service in both North Africa and Russia, with a few vehicles soldiering on into 1944.

PZ.SFL.1 FUER 7.62CM PAK 36 (SD.KFZ.131) AND PZ.SFL.2 FUER 7.62CM PAK 36 (SD.KFZ.132)

The invasion of Russia in June 1941 (Operation Barbarossa) gave the Wehrmacht a shock when previously unknown Russian T-34 and KV tanks proved difficult to defeat with the current tank and anti-tank guns currently in service. The first months of the war resulted in the capture of significant numbers of Russian 7.62cm F-22 field guns, and in December 1941 Inspektorat 6 (inspector for motorized troops) authorized the Waffenamt to develop expedient self-propelled Panzerjäger using these guns in combination with both Pz.Kpfw. 38(t) and Pz.Kpfw.II Ausf.D chassis.

The Pz.Sfl.1 based on the Pz.Kpfw.II Ausf.D2 chassis (commonly called the Marder II Ausf.D in modern day terminology) was the first to be produced, with 150 being built by May 1942, and a further 52 on the Ausf.D1 chassis between June 1942 and June 1943. Since the Ausf.D chassis had limited production, no more could be manufactured. Most were lost by mid-1943.

Concurrently with the production of Pz.Sfl.I, the Pz.Sfl.2 (eventually called Marder III/Sd.Kfz.139) was also produced, with the first vehicles being issued in June 1942. Given the abundance of Pz.Kpfw.38(t) chassis, more were manufactured, with the last of 344 vehicles being delivered in October 1942.

MARDER II AND MARDER III AUSF.H

While the 7.62cm Pak(r) gave the Panzerjäger a superior weapon (albeit still 'makeshift'), the limited supply of guns meant that a vehicle mounting the German 7.5cm Pak40 would need to be developed, as this would provide similar capabilities. By May 1942, the combat value of both Pz.Kpfw.II and Pz.Kpfw.38(t) tanks was limited, and it was decided to develop Panzerjäger vehicles utilizing both chassis. Once again, development of the Pz.Kpfw.38(t) based Marder III Ausf.H lagged behind, with the first vehicles only being issued in January 1943. By contrast, Marder II were quickly produced, reaching Pz.Jg.Kompanies by August 1942. 531 new-build vehicles were manufactured by the time production ceased in mid-June 1943, although a small number of vehicles were also converted from existing Pz.Kpfw.II Ausf.A, B, C and F chassis.

The Marder III Ausf.H had a much smaller production run of 275 up until May 1943, when it was superceded by the Marder III Ausf.M.

MARDER III AUSF.M AND HORNISSE/NASHORN
Unlike the previous Marder II and Marder III that were considered expedient, the Marder III Ausf.M and Nashorn were much more purpose designed vehicles, although they still lacked adequate crew protection.

The Marder III Ausf.M saw the use of a re-designed Pz.Kpfw.38(t) chassis, with the motor moved to the middle that resulted in better weight distribution. The rear mounted 7.5cm Pak40 made for a more efficient fighting compartment with all around crew protection, although the armor was still limited to protection against small arms fire and shrapnel only, with no overhead protection. Production of the 1000+ new and converted vehicles continued through June 1944.

With the development of the 8.8cm Pak 43 anti-tank gun, the desire to produce a self-propelled mount for it was significant. While new vehicles were being designed, it was decided to once again build an expedient vehicle to get the gun into production as quickly as possible. The chassis developed for the Hummel was chosen, which was a combination of a Pz.Kpfw.III hull and drive train, with a Pz.Kpfw.IV engine and suspension. The first Hornisse/Nashorn vehicles were produced in February 1943, and production continued until 1945, with a total of 504 vehicles.

FERDINAND/ELEFANT
By mid-1943, the Panzerjäger units finally received a purpose built vehicle with both heavy armor and a potent 8.8cm Pak 43 gun. Unfortunately, the limited number of chassis available (90) meant that only two units could be outfitted with Ferdinand/Elefants. More importantly, its restricted mobility, mechanical unreliability, poor crew vision and limited self-protection from infantry assault meant that its debut performance at Kursk was less then hoped for. When used properly it could be an effective weapon, but the reality of the battlefield meant that this was not always possible and more were lost due to mechanical problems then combat.

STURMGESCHUTZ
It's ironic that one of the most successful vehicles employed by the Panzerjäger units was not originally developed for them and ultimately led to the development of the Jagdpanzer series of vehicles. The Sturmgeschutz was designed for the assault artillery to provide close support for the infantry divisions. While the original 7.5cm L/24 gun displayed mediocre anti-tank performance, as the war progressed better weapons were mounted and its role as a tank destroyer became more common.

By early 1943, tank production was lagging and thus, despite the resistance of the artillery branch, Sturmgeschutz began to be issued to armored troops, which of course included the Panzerjäger units. By the end of the year approximately 35% of the available vehicles were in service with forces other then the assault artillery, with roughly 5% in Pz.Jg. units. Over 10,000 vehicles were produced by the end of war, with the majority being Sturmgeschutz III and IV equipped with the 7.5cm Pak/StuK40 and the Sturmhaubitze with the 10.5cm StuH42.

It was not until 1944 that the Panzerjäger units finally began to receive a purpose designed vehicle, inspired by the Sturmgeschutz, that had what could be considered the perfect balance between protection, firepower and mobility – the Jagdpanzer IV. While initially equipped with a weapon the had the same performance as the Sturmgeschutz III/IV, a 7.5cm Pak42 L/70 was ultimately mounted that provided superior capabilities. Unfortunately, by this time every unit was short of vehicles and thus the Panzerjäger arm had to be content with whatever they had, with many panzer units being equipped with Jagdpanzer as well.

Just like the Sturmgeschutz were developed to provide infantry support, the self-propelled Panzerjäger were initially developed to provide support to the mobile formations that had tanks mounting guns with inadequate anti-tank performance. While the panzer arm eventually received tanks with comparable and even superior weapons to the Panzerjäger, there was never enough to go around, and the cost effectiveness of the Panzerjäger vehicles meant that they would continue to see service until the end of the war.

Jon Feenstra

Péter Kocsis Collection

A Panzerjäger I jelentette az első próbálkozást, hogy a Pz.Kpfw. I Ausf. B és a cseh 4,7 cm-es ágyú párosításával egy kifejezetten páncéltörő feladatokra kifejlesztett járművet hozzanak létre. Az itt is látható, első gyártási szériába tartozó járművek ötoldalú, 14,5 mm-es lemezekből álló felépítménnyel készültek. A felépítmény első szélére takaróponyvát rögzítettek, akárcsak a csőszájfékekre (az első járművön ez 90 fokban el van fordítva). A tűzoltókészülék mögött egy egyedi kivitelezésű tartóelem látható, amelyre tartalék futógörgőt erősítettek.

The Panzerjäger I was the first attempt at building a dedicated anti-tank vehicle, combining the chassis of the Pz.Kpfw. I Ausf.B with a Czech 4.7cm gun. The 1st Series seen here used a 5-sided superstructure of 14.5mm armor. Roof tarpaulins are attached to the front edge of the superstructure and muzzle brake covers installed, rotated 90° on the first vehicle. A unique bracket for a spare roadwheel is visible behind the fire extinguisher.

Péter Kocsis Collection

Hat, hivatalos megnevezéssel 4,7cm Pak(t) auf Pz.Kpfw. I (Sd.Kfz.101) ohne Turm (a továbbiakban Panzerjäger I) látható a képen, mind az első gyártási sorozatból. Igen kevés fénykép található teljesen felszerelt ponyvázatú járműről, illetve a löveg teljes takaróponyvájáról. A tartalék futógörgőn látható kör alakú tárgy a tengelykapcsoló tartalék fékszalagjának tűnik. A motorház fedőnyílását a légi azonosíthatóság érdekében fehérre festették.

Six 4.7cm Pak(t) (Sfl.) auf Pz.Kpfw. I (Sd. Kfz.101) ohne Turm (to use the proper name, prior to being named Panzerjäger I) are visible in this photo, all 1st Series vehicles. Few pictures show the full roof tarpaulins erected as seen here, as well as the full gun barrel cover. The circular objects carried on the spare roadwheel appear to be extra brake bands for the clutch. The engine access doors are painted white for aerial recognition.

Péter Kocsis Collection

Az 521. páncélvadászosztály (Panzerjäger-Abteilung 521), még az első gyártási sorozatból származó járműve egy franciaországi gyakorlaton, 1940 őszén. A felépítményen látható az alakulat jelzése. A kezelőszemélyzet tagja M1934 mintájú bélelt barret sapkát (Schutzmütze) visel. Érdekes a jármű hátsó részére, a ponyvatartó keretre erősített lemez, amelynek sajnos nem ismerjük a feladatát.

1st Series vehicle belonging to Panzerjäger-Abteilung 521 (Pz.Jg.Abt.521), with the distinctive unit emblem visible on the superstructure, training in France during the fall of 1940. The crewmen wear the M1934 Schutzmütze padded beret. Of interest is the plate attached to the rear of the vehicle using the rear frame for the roof tarpaulin for support. Its purpose is unknown.

Az 521. páncélvadászosztály egy másik, szintén az első gyártási sorozatban készült Panzerjäger I-e a „Seelöwe" („Oroszlánfóka") hadműveletre való felkészülés során egy kikötőben. Láthatólag még az 1937-ben bevezetett, Nr. 46 sötétszürke – Nr. 45 sötétbarna színekből álló álcázófestéssel látták el. A sárvédőre rögzített kötegnyi fa a jármű önmentésére szolgált, kisebb árkokból segítették ki vele a páncélost.

Another 1st Series Pz.Jäg.I from Pz.Jg.Abt.521 being used for loading exercises at a channel port during preparations for Operation Seelöwe (Sealion). It appears to still have the dunkelgrau Nr.46 and dunkelbraun Nr.45 camouflage scheme that was implemented in 1937. A bundle of small wood is carried on the fender for unditching purposes.

Péter Kocsis Collection

A Szovjetunió elleni „Barbarossa” hadművelet végrehajtásakor az 521. páncélvadászosztályt a Guderian vezette 2. páncéloscsoport (Panzergruppe 2) részeként a „Közép” hadseregcsoport (Heeresgruppe „Mitte”) alárendeltségébe utalták. A páncéloscsoport „G” jelzése látható a váltómű jobb oldali páncélburkolatán. Ez az első gyártási sorozatból származó jármű egy szintén „G” jelzésű Sd.Kfz. 10 vontató előtt parkol, a kép valahol a keleti fronton készült. Úgy tűnik, a páncélvadász elején látható tekintélyes dobozt csak a tartalék lánctalp tagok tartják a helyén.

Pz.Jg.Abt.521 was assigned to Heeresgruppe Mitte for Operation Barbarossa, and was part of Panzergruppe 2, led by Guderian, hence the white ‘G’ on the right final drive armor. A 1st Series vehicle is parked in front of an Sd.Kfz.10, also displaying the ‘G’ symbol, somewhere on the Eastern front. The large stowage box on the front is quite substantial and appears to be held in place by the spare tracks alone.

A legtöbb Panzerjäger I így végezte be. Az 521. páncélvadászosztály egyik hátrahagyott, az első gyártási szériába tartozó járműve előtt egy katona pózol. A páncélos felépítményén, az alakulatjelzés felett egy kisebb sérülés látható. A páncélvadászról hiányoznak a lánctalpak, a meghajtókerekek és a váltómű szerelőnyílásának zárófedele, ezeket valószínűleg más járművek javításához használták fel. A motorháztetőn a számos páncéloson megtalálható tároló rekesz maradványai láthatóak.

The eventual fate of most Pz.Jäg.I. A soldier poses in front of a derelict Pz.Jg.Abt.521 1st Series vehicle that has slight damage to the top edge of the superstructure just above the unit emblem. It is probably being used for parts to keep other vehicles running as it has been stripped of its tracks, drive sprockets and transmission hatch. The engine deck has the remnants of the stowage rack seen on many vehicles.

A következő három fényképpel rendkívüli betekintést nyerhetünk a „Seelöwe" hadművelet kapcsán végrehajtott behajózási gyakorlatba. Jelen esetben a 643. páncélvadászosztály járműveit vehetjük górcső alá. Megfigyelhetjük a jármű belsejét, a kulacsok és a gázálarc-tartók elhelyezését. Jól látható az egység jellegzetes „Máltai Kereszt" emblémája és a gépesített páncéltörő alakulat harcászati jelzése a kisméretű „WH", illetve alatta a „643" felirattal.

The next three photographs provide unique views during more Operation Seelöwe loading exercises, this time with Pz.Jäg.I from Pz.Jäg.Abt.643. Seen here is the interior of the 1st Series with numerous pieces of equipment such as canteens and gas mask canisters attached. Typical unit markings are visible including the white Maltese cross emblem and the tactical symbol for a motorized anti-tank unit with a small 'WH' and '643' below it.

Péter Kocsis Collection

Egy másik jármű a fényképsorozatból. A tetőponyva tartókeretét a motorháztetőre lehetett málházni, ekkor leszorító bilincsekkel rögzítették a motortér hátsó pereméhez. A páncéloson ugyanolyan jelzések láthatóak, mint az előző képen szereplő Panzerjäger I-en, bár a fehér hasábkereszt pozicionálása némileg eltér attól. A katonák mögött egy Pak 36/37 páncéltörő ágyú látható. Figyeljük meg a tiszt kezében a hangosbeszélőt!

This is a different vehicle then seen in the previous photo. The frame for supporting the roof tarpaulin is stowed on the engine deck, secured with a clamp on the rear edge. It carries the same markings as the previous Pz.Jäg.I, although the white outline Balkenkreuz is in a slightly different position. A Pak 36/37 anti-tank gun is visible behind the soldiers. Notice the officer's bullhorn!

A képsorozat utolsó felvétele rendkívül érdekes, mivel felülnézetből vizsgálhatjuk meg egy kompra behajózott Panzerjäger I elejét. A 643. páncélvadászosztály „Máltai Kereszt" jelzése a felépítmény oldalán látható a fehér hasábkereszt felett. A fényszóró – a jármű színétől sötétebb árnyalata alapján – cserealkatrész lehet, amire furcsamód elfordítva, függőlegesen helyezték fel a fényálcázó ponyvát.

A final picture providing an interesting overhead view of the front of a Pz.Jäg.I loaded into the hold of a ferry, with the Pz.Jäg. Abt.643 Maltese Cross emblem visible on the superstructure side above a white outline Balkenkreuz. Given the darker color of the headlight, it could be a replacement part with the blackout cover oddly rotated in the vertical direction.

Péter Kocsis Collection

Néhány Panzerjäger I felépítményének az oldalára neveket – jellemzően német vagy osztrák városok nevét – írták. Ezek a páncélosok a 670. páncélvadászosztály járművei voltak – néhány Panzerjäger I-en a „Kleist" páncéloscsoportot jelölő „K" betű is látható, márpedig ennek a magasabbegységnek az alárendeltségében csak ez az egy páncélvadászosztály harcolt. A „Neustadt" nevű páncélos egy gabonamezőn látható, a motorháztetején a 4,7 cm-es Pak(t)-hez felhalmozott tartalék lőszeresládákkal.

A number of Pz.Jäg.I had names on the superstructure sides, typically German or Austrian towns. These vehicles are from Pz.Jg.Abt.670, as some photos show the Panzergruppe Kleist 'K' marking on the front hull, and this was the only unit equipped with Pz.Jäg.I in this formation. 'Neustadt' is seen here in a field of grain. It carries additional boxes of ammunition for the 4.7cm Pak(t) on the engine deck.

Péter Kocsis Collection

A 670. páncélvadászosztály RAL 7021-es sötétszürke festésű, „Kaplitz" elnevezésű Panzerjäger I-e alatt vagy a súlytól omlott össze a pontonhíd, vagy tüzérségi találat miatt roskadt össze. A jármű szerencsétlen végzetének köszönhetően jó rálátást kapunk a lövegfarra és a belső lövegpajzsra, amely különbözött a csehek által 47 mm-es P.U.V. vz36 jelzéssel gyártott vontatott változat lövegpajzsától. A hátsó lemezen halványan kivehető a fekete-fehér hasábkereszt.

The pontoon bridge that this dunkelgrau RAL 7021 Pz.Jäg.I named 'Kaplitz' from Pz.Jg. Abt.670 was crossing either failed or was hit by enemy fire. Its unfortunate demise provides us with a good view of the gun breach, as well as the internal gun shield, which was not the same as that found on the towed version of the gun, designated 47mm Canon P.U.V. vz36 by the Czechs. A black and white Balkenkreuz is barely visible on the rear plate.

Péter Kocsis Collection

Ez a jármű már a második gyártási szériából származik, hétoldalú felépítménnyel, amelynek felső éle egyenes, nem pedig szögben lecsapott, mint az első sorozat példányain. A páncélos egyike azon kilenc darabnak, amelyet a keleti fronton a gépkocsizó tandandár páncélvadász-századának utaltak ki 1941-ben. A fehér alakulatjelzés a szerelő mellett, a váltóműház burkolatán látható a sárga „110"-sel ellentétes oldalon. A sárvédőre fektetett lemez valószínűleg a szerelőnyílás fedele.

This is a 2nd Series vehicle with the new 7-sided superstructure and flat upper edge instead of the sharp angle seen on the 1st Series. It is one of nine Pz.Jäg.I assigned to the Pz.Jg. Kp. of Lehr Brigade(mot.) 900 on the Eastern front in 1941. The white insignia is visible on the final drive housing beside the mechanic, with a yellow '110' on the opposite side. The flat plate lying on the fender against the hull is probably the access cover.

Péter Kocsis Collection

A 605. páncélvadászosztály második gyártási sorozatából származó Panzerjäger I-ét El Alameinnél zsákmányolták, majd onnan szállították Angliába. Egy Allis Chalmers traktorral vontatták fel egy vonatra valahol a Közel-Keleten, vagy Észak Afrikában. Figyeljük meg az arab számozást a pőrekocsin! A páncéltest elején és a felépítményen sérülések láthatóak. Jól megfigyelhető, hogy amikor a járművet átfestették RAL 8000 sárgásbarna színnel, a tetőponyva a helyén volt, így a felső szélén körbe sötétszürke maradt egy sáv.

This Pz.Jg.Abt.605 Pz.Jäg.I 2nd Series was captured at El Alamein and returned to England. It is being towed by an Allis Chalmers tractor onto a train in the Middle East or North Africa - notice the Arabic numbers on the railcar. Damage is visible on the front hull and superstructure. It was re-painted gelbbraun RAL 8000 with the roof tarp in place that left a line of dunkelgrau around the top edge.

Péter Kocsis Collection

Három Panzerjäger I a Szovjetunióban. A fehér „K" betű a „Kleist" páncéloscsoport jelzése volt, így ezek a járművek valószínűleg a 670. páncélvadászosztály páncélosai. A bal első kocsi a második, a mögötte álló az első gyártási sorozat tagja. A jobb oldalon álló páncélvadászról a felszerelt takaróponyva miatt nehéz megállapítani, hogy melyik gyártási szériából származik. Figyeljük meg a baloldali jármű homlokpáncélján a kürtöt!

Three Pz.Jäg.I in Russia. The white 'K' marking signifies Panzergruppe Kleist, so these vehicles are most likely part of Pz.Jg.Abt.670. The vehicle in the left foreground is a 2nd series, while behind it is a 1st series. It is difficult to determine which series the vehicle on the right is due to the tarpaulin. Notice the funnel laying on the glacis of the left hand vehicle.

Péter Kocsis Collection

Ezeket a frissiben kiutalt 7,62 cm-es Pak 36 önjáró páncéltörő ágyúkat (Pz.Sfl. 1 für 7,62 cm Pak 36) egy gyakorlaton fotózták le. Az összes páncélos sötétszürke, az oldalukon fekete-fehér hasábkereszttel, alatta kisméretű, egytagú számmal (az első páncélvadászon a „2" szám látható). Ez a jármű többféle megnevezést is kapott, de Marder II-ként vizsonylag ritkán jelölték.

This group of newly issued Pz.Sfl.1 fuer 7.62cm Pak 36 are on a training exercise. All are painted dunkelgrau with a black/white Balkenkreuz on the side and a small white single digit number below, the first vehicle bearing a '2'. This vehicle went by a number of names, but Marder II was seldom used.

A kezelőszemélyzet egyenruhája alapján ez a Pz.Sfl.1 a hadsereg (Heer) egyik páncélvadászosztályához tartozott. A jobb oldali kinézőnyílás fedőlemezén az alvázszám egy részlete látható – a teljes szám minden bizonnyal 27074 lehet, mivel az összes Pz.Kpfw. II Ausf. D a 27000-es alvázszám-sorozatban készült. Az Ausf. D1 és D2 különböző lánctalpakkal volt felszerelve, a képen az utóbbi változat látható. A homlokpáncél peremére erősített esővető lemez közepén nem lehet pontosan kiolvasni a felfestett számot (2?2).

Judging by the uniforms, this Pz.Sfl.1 belongs to a Wehrmacht Heer Pz.Jg.Abt. Part of the chassis number is visible on the right vision port cover - it is most likely '27074' as all Pz.Kpfw.II Ausf.D were in the 27000 Fahrgestell number series. The Ausf.D1 and D2 used different tracks – those shown here indicate this is an Ausf.D2. The rainwater guard has a barely legible number, '2?2', in the center.

Péter Kocsis Collection

Ezen a keleti fronton lefényképezett, alaposan álcázott Pz.Sfl.1-en tisztán láthatóak az Ausf. D2 sorozat jellegzetességei: a nyolc ágú meghajtó- és láncfeszítőkerék. Az Ausf. D1-en ezek tizenegy, illetve tíz ágúak voltak. A Pz.Sfl.1-eken ritkán látható lekerekített első sárvédő toldalék, ezek valószínűleg tábori átalakítások lehettek, nem a gyári alkatrészek, amelyekkel a Pz.Kpfw. II Ausf. D-k készültek. A páncélosra egyszerű fekete-fehér hasábkereszt került.

This well camouflaged Pz.Sfl.1 on the Russian front clearly shows the distinguishing feature of the Ausf.D2 series, namely 8-spoke drive sprockets and idlers, as opposed to 11-spoke sprockets and 10-spoke idlers on the D1 series. The rounded front fender extensions are seldom seen on Pz.Sfl.1, however these appear to be field fabricated, not the factory items issued with Pz.Kpfw.II Ausf.D. The Balkenkreuz is solid black/white.

Péter Kocsis Collection

Egy Pz.Sfl.1 lövegcseréje. A lövegpajzs felső széle és a páncéltest elejének felső széle sötétebb árnyalatú, mint a páncélos többi része, valószínűleg felponyvázott állapotban festették le. Ez a típus többféle hátsó résszel készült. Egyes esetekben drótháló, máskor páncéllemezek védték a jármű hátulját, amelyeknek vagy volt nyílás a hátulján és a sarkain, vagy nem.

A Pz.Sfl.1 in the midst of having its gun barrel replaced. It appears that this vehicle may have been repainted with the roof tarpaulins in place judging by the dark lines around the gun shield and forward hull. There were a number of variations of the rear superstructure with both wire mesh and armor plate used, with and without openings in the bottom rear and side corners.

Péter Kocsis Collection

A lövegcsőre festett kilenc győzelmi karikák alapján ennek a Pz.Sfl.1-nek a kezelőszemélyzete igencsak jó hatásfokkal tevékenykedett. A felépítmény elején az „Ursel" név olvasható, az oldalán egy fehérre meszelt sisak látható. Figyelemre méltó a tetőponyva tartókerete, amely egy táborilag elkészített, rögzített kivitelezésű megoldásnak tűnik. További érdekesség az egyenruhák eltérő fajtája is.

Judging by the nine kill rings on the barrel, the crew posing in front of their dunkelgrau Pz.Sfl.1 has been successful. The name 'Ursel' can be seen on the front of the superstructure and a whitewashed helmet hangs on the side. Of interest is the roof tarpaulin support frame at the rear, which appears to be a heavier, permanently fixed field fabricated replacement. The variation in uniforms is quite interesting.

Újabb jól álcázott Pz.Sfl.1, amelynek rádiósa a búvónyílásából figyeli a környező területet. A lövegpajzsra egy leponyvázott MG34 géppuskát helyeztek. Bár a felerősített álcázó növényzet miatt nehéz megállapítani, ennek a járműnek valószínűleg nem a gyakoribb, dróthálós kivitelezésű hátsó része van, hanem a páncéllemezekből álló változat.

Another well camouflaged Pz.Sfl.1, with the radio operator barely visible as he scans the horizon. A covered MG-34 has been mounted on the side of the gun shield. Although difficult to discern due to the foliage, this vehicle seems to have the armored rear superstructure, not the more common wire mesh.

Péter Kocsis Collection

Egy Pz.Sfl.1 egy többféle járműből álló oszlopot követ. Közvetlenül előtte egy Sd.Kfz. 10 féllánctalpas vontató a vontatmányával, azelőtt pedig egy Pz.Kpfw. I Ausf. B halad. A jármű hátuljára egy tartóvázra nagyméretű faládát erősítettek. A képen jól látható a hátsó dróthálό, amelynek csak a hátulján van nyílás (az előző képeken hátul és oldalt is felfedezhető ugyanez). A páncélost csupán egy hasábkereszttel látták el.

A Pz.Sfl.1 follows a column of vehicles including an Sd.Kfz.10 halftrack towing a trailer and a Pz.Kpfw.I Ausf.B. A large wooden stowage box has been mounted on the rear with support brackets. Clearly visible here are the full wire mesh sides with only the rear openings, unlike previous photos that show both side and rear openings. The only visible marking is a white outline Balkenkreuz.

Egy Marder II (Sd.Kfz.131) tiszta profilképe. A fehér körvonalú piros álló medve a 4. páncéloshadosztály 35. páncélosezredének a jelzése. Az egység a kialakult páncéloshiány miatt 1943 elején 18 új Marder II-t kapott. Ezeket később, 1943 márciusa és májusa között átadták a hadosztály 49. páncélvadászosztályának. A jármű sötétszürke alapszínére feltehetően sötétsárga álcázófoltokat festettek.

A clear profile view of a Marder II (Sd.Kfz.131). The standing bear emblem, in red with a white outline, signifies Panzer-Regiment 35 of 4.Panzer.Division, which was assigned 18 newly issued Marder II in early 1943 due to a shortage of tanks. They were subsequently handed over to the division's panzerjäger battalion, Pz.Jg.Abt.49, in March and May. Camouflage could be dunkelgrau with a dunkelgelb overspray.

Péter Kocsis Collection

A 35. páncélosezred egy másik Marder II-e az álló medve emblémával. A kezelőszemélyzet egy nagyméretű tárolódobozt rögzített a hátsó lőszertárolóra. A járművet nyilvánvalóan átfestették, az új RAL 7028 sötétsárga alapszínre valószínűleg RAL 6003 olívzöld álcaminta került. A háttérben látható másik Marder II-en eltérő mintázatú álcafestés látható, és a hasábkereszt is máshova került.

Another Marder II with the Pz.Rgt.35 standing bear emblem. The crew has mounted a large stowage box over the rear ammunition bin, and it is obvious that the vehicle has since been repainted, possibly dunkelgelb RAL 7028 with an olivgruen RAL 6003 overspray. The Marder II in the background has a different camouflage pattern and the Balkenkreuz is in a different location.

Péter Kocsis Collection

Ez a Marder II a jobb oldali, nem valódi kitekintő nyílás alapján egyike azon kevés példánynak, amelyet egy Pz.Kpfw. II Ausf. F alvázára építettek. Felettébb fura módon a 13. páncéloshadosztály sárga jelzése felett az 1. vontatott páncéltörő ágyús század harcászati jelzése látható a frontpáncélon. A hadosztály a háború nagy része alatt Kleist páncéloscsoportjához és páncéloshadseregéhez tatozott, így felfestették rá a fehér „K" betűt. Szokatlan a jármű elejére festett fehér hasábkeresztet.

This Marder II is one of only a small number converted from rebuilt Pz.Kpfw.II Ausf.F chassis, as evidenced by the fake driver's visor on the right side. Oddly enough, it carries a tactical symbol for the 1st Towed Anti-tank Company in white above the 13.Panzer-Division emblem in yellow. This division was part of Kleist's Pz.Gruppe and Pz.Armee for much of the war and thus carries the white 'K'. The front white outline Balkenkreuz is unusual.

Péter Kocsis Collection

A költözés napja! Az erről a járműről készült fényképek alapján ez a sötétszürke Marder II a 3. páncéloshadosztály 543. páncélvadászosztályának 1. századához tartozott, és annak a tizenkét páncélosnak az egyike, amelyet 1942 második felében utaltak ki az alakulatnak. A piros „18"-as harcászati azonosítószám alapján ez a jármű valószínűleg az 1. század nyolcadik kocsija volt.

Moving day! Based on other photographs of this vehicle, this dunkelgrau Marder II belongs to 1.Kompanie/Pz.Jg.Abt.543 of 3.Panzer-Division, and is one of twelve delivered in the latter half of 1942. The vehicle number '18' in red with white outline probably refers to the 8th gun of the 1st company.

Péter Kocsis Collection

Ezt a téli álcázású sötétszürke Marder II-t szintén egy Pz.Kpfw. II Ausf. F-ből alakították át – az álkinézőnyílás a járművön álló katona mögött látható. A „16”-os szám színe, elhelyezése és stílusa alapján ez a páncélos szintén a 3. páncéloshadosztály 543. páncélvadászosztályának a járműve volt. A lövegrögzítő két elemét a frontpáncélzatra rendezetlenül felhelyezett tárgyakra hajtották rá.

This whitewashed dunkelgrau Marder II is another one converted from a Pz.Kpfw.II Ausf.F – the fake visor is visible behind the soldier on the vehicle. Given the color, location, shape and style of the vehicle number ‘16’ and the Balkenkreuz, this vehicle could also be from 3.Panzer-Division’s Pz.Jg.Abt.543. The two pieces of the gun cradle are folded down amongst the haphazardly placed stowage on the glacis plate.

Péter Kocsis Collection

A „Großdeutschland” páncélgránátos-hadosztály két koszos, lekopott téli álcázású Marder II-e 1943. március 14-én, az oroszországi Boriszovka közelében egy sáros úton. Mindkét járművön megfigyelhető a jellegzetes, fehér rohamsisakot ábrázoló hadosztályjelzés, akárcsak az önjáró páncélvadász-század fekete harcászati jelzése. A páncélosok tartozhattak a „GD” páncélvadászosztályhoz, de akár a két páncélgránátos-ezred valamelyikéhez is.

A pair of dirty whitewashed Marder II belonging to Panzergrenadier-Division 'Grossdeutschland' on a muddy Russian road near Borisovka on March 14, 1943. Both carry the typical white helmet divisional emblem, as well as a tactical symbol in black for a Panzerjäger Kompanie(Sf). These vehicles could belong to either Pz.Jg.Abt.GD, or the Pz.Jg.Kompanie of one of the two panzergrenadier regiments.

Igazi unikum ez a fénykép, amely egy torony nélküli Pz.Kpfw. II Ausf. A/B/C-ből átalakított parancsnoki páncélost (Befehlspanzer) ábrázol két Marder II-sel. A nyitott tetejű felépítmény elejére egy Pz.Kpfw.III/IV homlokgéppuskájának gömb-pajzsát szerelték fel, a motortér tetejére pedig egy keretantennát rögzítettek. A fehér hasábkeresztet egy fekete négyzetbe festették, a fekete „J4" fehér keretet kapott. A sötétszürke alapszínre sötétbarna, vagy vörösesbarna álcázószín került.

A unique photo of a de-turreted Pz.Kpfw.II Ausf.A,B,C converted to a Befehlspanzer command vehicle in front of two Marder II. The open-topped superstructure has a MG ball mount from a Pz.Kpfw.III/IV and a frame antenna over the engine deck. The white Balkenkreuz are painted on a black square and the number 'J4' is black with a white outline. There appears to be a camouflage pattern on the dunkelgrau basecoat, possibly dunkelbraun or rotbraun.

Péter Kocsis Collection

Félszázadnyi Marder II, amelyeknek igencsak szüksége lenne valami téli fehér álcázásra, hogy elrejtsék az erőteljes sötétszürke/sötétsárga vagy sötétsárga/olívzöld álcázómintát. A jármű súlyát (10530 kg) az ásó alá festették fel stencillel, akárcsak a tömegközéppontját jelölő „+" jelet, amely az esetelges daruzás esetén volt fontos. Hasonló jelzések láthatóak a többi Marder II-en is. Az Sd.Ah.31 lőszereskocsi 44 darab Pak 40-es lőszert tudott szállítani.

Half a Pz.Jg.Kp. is visible in this photo of Marder II that need a whitewash to cover up the stark dunkelgrau/dunkelgelb or dunkelgelb/olivgruen camouflage patterns. The vehicle weight of '10530 kg' is stenciled below the shovel, along with a '+' marking showing the vehicle's center of gravity for loading purposes. Similar markings are seen on a number of other Marder II. The Sd.Ah.31 ammunition trailer could carry up to 44 Pak40 rounds.

Péter Kocsis Collection

Ez a sötétsárga és olívzöld terepfestésű Marder II szokatlanul nagy létszámú legénységet szállít. A fekete hasábkereszt nagyobb és feltűnőbb a szokásosnál, a mögé festett fehér nevet („Ziethen") gót betűkkel írták fel. A lövegcsövön egyetlen árva győzelmi karika is látható. Bár alakulatjelzés nincs a járművön, valószínűleg a 25. páncélgránátos-hadosztály 25. páncélvadászosztályához tartozott.

This dunkelgelb and olivgruen Marder II is carrying an inordinately large number of crewmembers. The black outline Balkenkreuz is unusually large and prominent, and the name in white behind it reads 'Ziethen' in a Gothic script. It also appears to have a single white kill ring on the barrel. Although no unit markings are visible, it possibly belongs to Pz.Jg.Abt.25 of 25.Pz.Gren.Div.

Péter Kocsis Collection

Ez a Marder II nem a megszokott helyen „viseli" a tartalék futógörgőt. Az MG 34 géppuskán még rajta van a hordszíj. A vezető kinézőnyílása mellett az önjáró páncéltörő század fehér harcászati jelzése látható, felette a 20. páncéloshadosztály 1942 után használt sárga jelzése, egy egyenes, vagy ívelt vonalat áttörő nyíl látható. Ez alapján a páncélos a 92. páncélvadászosztály járműve.

This Marder II carries a spare roadwheel in an unusual location on the front superstructure and the MG-34 still has its carrying sling attached. Beside the driver's visor is a tactical marking in white for a self-propelled anti-tank gun company. Above it in yellow appears to be the post-1942 insignia of 20.Panzer-Division, an upward pointing arrow breaking through a straight or curved line, which means it belongs to Pz.Jg.Abt.92.

Péter Kocsis Collection

Némileg rendhagyó ennek a Marder II-nek a terepfestése és a jelzései. Vélhetően a sötétszürke alapszínre olívzöld álcázást kapott és mind a hasábkereszt, mind a „16”-os szám csak feketével lett felfestve, ami igencsak beleolvad az álcázószínekbe. A nyitott búvónyílásban ülő vezető mögött egy másik jármű is látható, amelyen az önjáró páncélvadász-századok 1942 után használatos jelzése látható. A Marder II feltehetően a 19. páncéloshadosztály állományába tartozott.

The markings and camouflage on this Marder II are a bit unusual. It appears to be dunkelgrau with an olivgruen overspray and both the Balkenkreuz and vehicle number ‘16’ are in black outline only, making them very subtle and difficult to see. Behind the driver sitting in the open hatch is another vehicle displaying the post-1942 tactical marking for a Pz.Jg.Kp.(Sf). This vehicle may be from 19.Panzer-Division.

Péter Kocsis Collection

Ez a háromszínű terepfestéssel ellátott Marder II a 78. rohamhadosztály 178. páncélvadászosztályának volt a járműve. A hadosztály jelzését (egy vörös páncélkesztyű sárga pajzsban) a felépítmény bal oldalának elejére festették. A másik oldalon a harcászati jelzést figyelhetjük meg. A fehér „6"-os szám mellé és előre különös fekete-fehér hasábkereszt került – a fekete felületbe fehér vonalakat festettek. A Pak 40-en a szabvány védőponyva (középen egy fényvisszaverő prizmával) látható.

This 3-color camouflaged Marder II belongs to Pz.Jg.Abt.178 of 78.Sturm-Division, with the division emblem of a red mailed fist on a yellow shield visible on the right side, opposite of which is the tactical marking. Besides a large vehicle number '6' in solid white, it has very unusual white/black Balkenkreuz with additional white lines added to the center of the black areas. The standard Pak 40 muzzle cover with red reflector is in place.

A többi páncélvadászhoz hasonlóan a Pz.Sfl.2 is számos névváltoztatáson esett át. A kiadványban a Marder III-t használjuk. Ez a különleges Marder III egy Pz.Sfl.1 oszlopot vezet. A vezető kinézőnyílása alatt olvasható „1750"-es szám minden bizonnyal az alvázszámot jelöli, s így ez a jármű az 1942 októberig legyártott, összesen 344 darab Marder III közül az utolsó példány. A lövegrögzítő szerkezet alatt egy kisebb méretű „762"-es szám látható.

Like most of the Panzerjäger, Pz.Sfl.2 went through many official name changes; Marder III will be used here. This particular Marder III is leading a column of Pz.Sfl.1. '1750' below the driver's view port is probably the Fahrgestellnummern (chassis number), which would mean this was the last Marder III built of the 344 produced, leaving the factory in October 1942. A smaller number '762' is below the travel lock.

Péter Kocsis Collection

A Marder III három gyártási sorozatban készült. A második és a harmadik széria példányai külsőleg alig tértek el egymástól. Az első sorozat járműveinek egyszerűsített lövegrögzítő szerkezete volt, ezt – amint azt a képen látható, RAL 7028-as sötétsárgára festett Marder III-on is megfigyelhetjük – a két utóbbi széria esetében megerősítették. A krétával felrajzolt jel a 13. páncéloshadosztály emblémájára emlékeztet, de ennek a hadosztálynak a rendelkezésünkre álló dokumentumok szerint soha nem utaltak ki Marder III-t.

The Marder III was built in 3 series, although the 2 and 3 series had few external differences so it is difficult to tell them apart. The 1.Serie had a simplified travel lock, whereas the 2 and 3.Serie had a reinforced version as seen here on this Marder III painted dunkelgelb RAL 7028. The meaning of the chalked markings on the glacis is unknown, but it is presumably not for 13.Panzer-Division, as there is no record of them having Marder III.

Péter Kocsis Collection

Ezt a sötétszürke Marder III-t a „Das Reich" (gépkocsizó) hadosztály 2. SS-páncélvadászosztályának 3. százada részére utalták ki 1942-ben, a hadosztály franciaországi átszervezése során. Tekintve, hogy bevetést még nem látott, a Marder III csövén látható győzelmi karikák a személyzet korábbi, vontatott 5 cm-es Pak38 páncéltörő ágyúval elért sikereit szemléltetheti. A lövegpajzs felső részén látható jelzések a személyzet egy elesett tagjára emlékeztetnek. A „33"-as harcászati azonosítószám a 3. század 3. szakaszát jelöli.

This dunkelgrau Marder III was issued to 3.Company/SS-Pz.Jg.Abt.2 of SS-Division(mot.) 'Das Reich' during refitting in France, 1942. Since no action was yet seen, the crew must have transferred the kill markings from their towed 5cm Pak38 gun that was previously used, such as seen behind the Marder. The markings on the top of the gun shield commemorate a lost crewmember. The tactical number '33' is for 3rd Company, 3rd Platoon.

Péter Kocsis Collection

Az előző fényképen látható jármű testvére, ezúttal a 2. szakaszból. Jól láthatóak a 2/3. SS-páncélvadász-század jelzései. Az azonosítószámok a számtáblán és a hátsó ködfejlesztőn telített fehér színűek, az oldalpáncélzaton csak fehér kontúrvonalként szerepel, akárcsak az elé festett hasábkereszt. A „Das Reich" sárga hadosztályjelzése a fehér, a 3. századot jelölő 3-sal kiegészített harcászati jelzés alatt látható.

This is a sister vehicle to the previous photo, from 2nd Platoon, that provides a clear view of the rest of the markings used by 3./SS-Pz.Jg.Abt.2. Vehicle numbers are in solid white on the number plate and rear smoke candle box, and white outline on the side armor, with a white outline Balkenkreuz in front of that. The yellow 'Das Reich' divisional emblem is below the white tactical marking with number '3' for 3rd company.

Péter Kocsis Collection

Újabb Marder III a Szovjetunióban 1942-ben, a sötétszürke alapszíntől erősen kirívó jelzésekkel. Ezúttal az 1. páncéloshadosztály fordított, sárga „Y" emblémája látható a 37. páncélvadászosztály 1. századának (szokatlanul nagyméretű 1-sel számozott) fehér harcászati jelzése felett. Megfigyelhetjük a sárvédőn a löveg csőtisztítóját.

Another Marder III, seen in Russia during 1942, displaying vibrant markings on its dunkelgrau paint. In this case it is from 1./Pz.Jg.Abt.37 of 1.Panzer-Division, the yellow upside down 'Y' divisional emblem seen above the white tactical marking for the 1st Panzerjäger Kompanie, with an unusually large '1'. The rods for the gun cleaning brush are stored on the fender.

Péter Kocsis Collection

Ezen a Marder III-on több érdekességet is láthatunk. A személyzet egy másik Marderről származó lövegpajzzsal, átfedéssel megtoldotta a jármű saját lövegpajzsát. A felépítmény hátsó sarkán egy lekerekített doboz látható, amely összefüggésben lehet a küzdőtér - ebbe a Marderbe még be nem épített – fűtéséhez kifejlesztett kísérleti légbeömlővel.

This Marder III displays some unusual features. The crew has added additional side armor plates to the gun shield taken from another Marder III, welded in place by overlapping them behind the existing plates. It also carries the rounded top stowage bin on the back corner that may be associated with the experimental duct type heating system developed for the fighting compartment, which this Marder does not have.

Péter Kocsis Collection

Ennek a rendkívül sikeres, huszonhárom győzelmi karikával ékesített Marder III-nak nem a megszokott részére szerelték fel az előző képen is látható lekerekített dobozt (ugyanakkor több Marderen látható ugyanez a megoldás). Feltételezések szerint ebben a ládában egy lángforrasztót tartottak melegítés céljából, és valószínűleg a hátulra rögzített nagyméretű faláda miatt helyezték át. A felépítmény oldalára festett színes négyzet jelentése ismeretlen, talán a század megkülönböztetésére szolgált.

This successful Marder III with 23 kill rings on the barrel has the same curved bin from the previous picture, but in an unusual location that is seen on other Marder as well. It has been suggested that this bin held a blowtorch for heating purposes and may have been relocated here due to the large wooden stowage box mounted at the back. The meaning of the light colored square, probably yellow, is unknown, although it may be a company marking.

Péter Kocsis Collection

Egy, az első gyártási sorozatban készült Marder III siet keresztül egy orosz falun. A lövegpajzson „Heidi" felirat olvasható. Jól látható a korai kivitelezésű, egyetlen csőből álló lövegrögzítő. A jármű harcászati jelzése eltér a szabványtól és hiányos; bár a háromszög alapján tudjuk, hogy egy páncélvadász-századot jelöl, az nem derül ki, hogy vontatott, vagy önjáró-e. A páncélos összes jelzése fehér színű. Úgy tűnik, a két „potyautas" felettébb kényelmesen utazik a hátsó tárolórekeszben.

A 1.Serie Marder III with the name 'Heidi' on the gun shield moves quickly through a Russian village. The early, single tube travel lock is clearly visible. The tactical sign is non-standard and incomplete; while the triangle designates a Panzerjäger company, there is no indication whether it is towed or self-propelled. All markings are in white. The vehicle carries two extra crewmen, who look quite comfortable in the rear stowage basket!

Péter Kocsis Collection

A Marder III-okra festett kártya szimbólumok – mint az itt is látható fehér kör, alatta egy kiolvashatatlan névvel – a 22. páncéloshadosztály 140. páncélvadászosztályához kapcsolhatóak. Tekintve, hogy az alakulatot 1943 elején feloszlatták, a jármű valószínűleg sötétszürke, amit sárral álcáztak. Ennek az egységnek a Marderjei több ismertetőjegy alapján is beazonosíthatóak: az első gyártási sorozatban készült lövegrögzítőt megerősítették merevítőkkel, és mindkét oldalára három-három üzemanyagkanna-tartót erősítettek.

Playing card symbols on Marder III, such as the white heart seen here with an illegible name below it, have been associated with Pz.Jg.Abt.140/22.Panzer-Division. Since it was disbanded in early 1943, the camouflage is probably mud on dunkelgrau. This unit's Marder had some unique features – reinforcing the 1.Serie travel lock with stiffeners and racks on each side of it for 3 jerry cans.

Péter Kocsis Collection

Kártya szimbólum ugyan nem látható rajta, de ez a Marder III a jellegzetes üzemanyag-kannatartók és a megerősített, első gyártási szériában készült lövegrögzítő alapján szintén a 140. páncélvadászosztály járműve. A fényképen mindkét jellegzetesség jól felismerhető. A bal sárvédőn egy kiegészítő tároló is látható, ami szintén ennek az alakulatnak a járműveire jellemző.

Although lacking playing card symbols, this Marder III may also be from Pz.Jg.Abt.140 as it carries identical jerry can racks and 1.Serie travel lock strengthening. The picture provides a clear view of both features. Also present is an additional stowage box on the left fender, another commonly seen feature on this unit's Marder.

A 19. páncéloshadosztály 19. páncélvadászosztályának járműveire tipikus, nagyméretű számokat festettek, mint az itt látható „11"-esre. Nehéz megállapítani, hogy ezen a Marder III-on a számok csupán a fehér keretből álltak-e, vagy esetleg piros, illetve fekete volt-e a belsejük. A bal oldali kinézőnyílás feletti jelzés a hadosztály emblémája (Wolfsangel) lehet. Figyeljük meg az üzemanyagkannát a hasábkereszt alatt!

Pz.Jg.Abt.19 from 19.Panzer-Division typically used large vehicle numbers on the gun shield, as seen on number '11' here. It's difficult to tell on this dunkelgrau Marder III if the numbers are simply a white outline, or with red or black infill. The mark above the co-driver's vision flap could be the Wolfsangel divisional emblem. Note the jerry can stowed below the Balkenkreuz.

Péter Kocsis Collection

A személyzet két tagja között az 5. páncéloshadosztály sárga „x" jelzése látható, így ez a Marder III az 53. páncélvadászosztály járműve. A fénykép az orosz fronton készült 1942-1943 telén. A sötétszürke alapszínt fehér festék és fehér lepedők kombinációjával álcázták. Az oldalpáncélon kisméretű „111"-es szám, a kezelő ülése előtt a fehér hasábkereszt felső része látható.

The yellow 'x' insignia for 5.Panzer-Division is visible between the two crew members, so this Marder III belongs to Pz.Jg.Abt.53 and is seen on the Russian front during the winter of 1942/43. The dunkelgrau has been covered with a combination of white sheets and whitewash paint. A small vehicle number '111' can be seen on the side armor, as well as the top of a white outline Balkenkreuz in front of the crew seat.

Péter Kocsis Collection

Egy Marder III Ausf. H remek profilképe, valószínűleg Olaszországban. A ragyogó napsütésben nehéz megállapítani a jármű álcafestését és jelzéseit, az oldalpáncélon épp csak kivehető a páncélvadász-század jelzés a 2. századot jelző 2-sel. Érdekes a vezetőállás oldalára erősített három lánctalp tag és a háttérben látható, üzemanyagkannákkal telepakolt Maultier féllánctalpas teherautó.

A good profile view of a Marder III Ausf.H, most likely in Italy. The camouflage and markings are difficult to discern in the bright sunlight, but the tactical symbol for a Pz.Jg.Kp. can just be seen on the rear corner of the side shield with a small '2' for 2nd Company. The use of 3 track-links on the side of the driver's compartment is interesting, as is the Maultier halftrack behind with quite extensive racking for jerry cans.

Péter Kocsis Collection

Ezt a Marder III Ausf. H-t alaposan leálcázták növényzettel. A lövegcső szó szerint eltűnik a háttérben álló fák között. A „216"-os harcászati azonosítószám belső színe valószínűleg piros, a kerete fehér, a hasábkereszt belső része pedig fekete. A hátsó tárolókosárban egy üzemanyagkanna hever.

This Marder III Ausf.H has been well camouflaged with foliage – the gun barrel has virtually disappeared amongst the background trees. The vehicle number '216' is probably red with a white outline, while the Balkenkreuz is black. A jerry can is lying in the rear basket.

Péter Kocsis Collection

Két Marder III Ausf. H vonul át egy orosz kisvároson. Az élen haladó jármű felépítményén kivehető a háromszínű terepfestés és a 3. páncélvadász-század harcászati jelzése. A személyzet álcazubbonyt vagy köpenyt visel, minden bizonnyal a Waffen-SS egyik alakulatához tartoznak.

Two Marder III Ausf.H move through a Russian town. A 3-color camouflage pattern is just visible on the superstructure of the leading vehicle, along with a tactical marking for 3./Pz.Jg.Kp. The crew appear to be wearing camouflage jackets or smocks, so could be from a Waffen-SS unit.

Péter Kocsis Collection

Legalább hat Marder látható ezen a fényképen. Mindegyiket leponyvázták, még a homlokgéppuskákon is védőhuzat látható. A hasábkereszten kívül más jelzés nem fedezhető fel rajtuk. A Marder III Ausf. H volt a legnagyobb darabszámban készült páncélvadász, és gyakorlatilag a Heer, illetve a Waffen-SS összes alakulattípusában előfordult – a gyalogságnál, a páncélosoknál, a páncélgránátosoknál, a Luftwaffe tábori hadosztályaiban és önálló páncélvadászosztályokban. Figyeljük meg az első jármű laza lánctalpát!

At least six Marder are visible in this photo, all with the various tarpaulins and covers in place, including the hull MG. The only visible marking is a white outline Balkenkreuz. The Ausf.H was one of the most numerous Panzerjäger built and could be found in virtually every type of Heer and Waffen-SS division – infantry, panzer, panzer-grenadier, Luftwaffe-Feld divisions and independent Pz.Jg.Abt. Notice the loose track on the first vehicle.

Péter Kocsis Collection

Egy Marder III Ausf. H lövegének cseréje vagy javítása egy, a legtöbb karbantartó alakulatnál rendszeresített daru segítségével. A járművön csak a sötétsárga alapszín látszik, az erős napfény miatt nem lehet megállapítani, hogy a fekete „131"-es számnak és a hasábkeresztnek van-e fehér kerete.

A Marder III Ausf.H has its gun barrel repaired or replaced using a standard hoist issued to many maintenance units. The vehicle appears to be painted in solid dunkelgelb, and the bright sunlight makes it difficult to determine if the number '131' is solid black only, or has a white outline like the Balkenkreuz.

Péter Kocsis Collection

A tiszt sapkáján látható koponya alapján ez a Marder a Waffen-SS egyik egységének a járműve. A frontpáncélra szerelt tartalék lánctalp eredeti tartórúdja elveszett, a kezelőszemélyzet egy ideiglenes megoldással orvosolta a problémát. A szinte vibráló fekete-fehér hasábkeresztet nézve nem lehet precízen megállapítani, hogy a fehér kerettel festett „50"-es szám belső része piros vagy sárga színű-e, ugyanakkor felettébb látványos a háromszínű álcázófestés.

The Totenkopf insignia on the officer's cap suggests that this is a Waffen-SS Marder. The retaining bar for the spare track on the lower hull was lost or damaged, so the crew has fashioned a makeshift solution. Given the vibrant white/black Balkenkreuz and tactical sign on the far side, the infill color of the white outlined vehicle number '50' is unclear, possibly yellow or red. The 3-color camouflage is quite prominent on this vehicle.

A (fekete) „29"-es a „Leibstandarte Adolf Hitler" SS-páncélgránátos-hadosztály 1/1. SS-páncélvadász-századának a járműve, és Harkov körzetében fényképezték le 1942-1943 telén. Az 1. SS-páncélvadászosztály részére Franciaországban utaltak ki 27 darab Marder III Ausf. H-t, mielőtt 1943 januárjában az orosz frontra vezényelték. Az osztály páncélvadász-századai 20-as (1. század), 40-es (2. század), és 60-as (3. század), számozást kaptak. Az oldalsó páncéllemezen egy MP40 géppisztoly lóg.

Vehicle number '29' (in black) belongs to 1.Kompanie/SS-Pz.Jg.Abt.1 from SS-Pz.Gren. Div. 'Leibstandarte Adolf Hitler' (LAH) and is seen in the Kharkov area during the winter of 1942/43. SS-Pz.Jg.Abt.1 was issued a full complement of 27 Marder III Ausf.H in France prior to going back to the Russian front in January 1943. Tactical numbers in the 20, 40, and 60 series designated 1st, 2nd and 3rd companies respectively. An MP-40 hangs from the side.

NARA

Az 1. SS-páncélvadászosztály két Marder III Ausf. H-ja Olaszországban. A járművek sötétsárga alapszínére valószínűleg olívzöld álcázóminta került, és részben látható a fekete-fehér hasábkereszt, valamint a piros-fehér „41"-es harcászati azonosítószám – ez a jármű a 2. századhoz tartozott. Figyeljük meg az öt győzelmi karikát a lövegcsövön és a szabványtól eltérő tárolóládát hátul! A háttérben látható Marderen talán az „51"-es számot lehet felfedezni, így az az osztálytörzs páncélosa volt.

Two Marder III Ausf.H from SS-Pz.Jg.Abt.1 in Italy. The camouflage is probably olivgruen over dunkelgelb. Barely visible is a black/white Balkenkreuz and red/white outline number '41'. thus a vehicle from 2nd company. Note the five kill markings and non-standard stowage box on the rear. The Marder behind may carry vehicle number '51'. a vehicle from the Abteilung HQ.

NARA

Ez a fénykép 1944. május 25-én készült, az olaszországi Aquino közelében. Ebben a körzetben ismereteink szerint csak a 71. gyaloghadosztály 171. páncélvadászosztályát szerelték fel Marder III Ausf. H-val. Az alakulat jelzését tipikusan a felépítmény bal oldalára festették, így az jelen esetben nem látható. A jármű RAL 7028-as sötétsárga alapszínére éles kontúros RAL 6003 olívzöld és RAL 8017 vörösesbarna terepmintázat került.

This picture was taken on May 25, 1944 near Aquino, Italy. Pz.Jg.Abt.171 of 71.Infanterie-Division was the only unit in the area that is known to have received Marder III Ausf.H. The divisional emblem was typically carried on the left side of the superstructure, so is not visible here. Camouflage consists of hard-edged patches of olivgruen RAL 6003 and rotbraun RAL 8017 on a dunkelgelb RAL 7028 base.

Péter Kocsis Collection

Ez a Tunzéiában zsákmányolt Marder III, oldalán vízszintesen elhelyezett üzemanyagkanna tartóval, napjainkban a sinsheim-i múzeum kiállítási darabja. A harcászati jelzése egy gépesített lovas-felderítő szakaszra utal. Figyeljük meg a négyzet felső sarkába írt „A" betűt! Sajnos nem egyértelmű, hogy az elefántfej a 15. páncéloshadosztály 33. páncélos-felderítőosztályára, vagy a 21. páncéloshadosztály 580. (gépkocsizó) felderítőosztályára vontakozik-e. Feltételezéseink szerint mindkét felderítő alakulat Marderekkel helyettesítette a számukra előírt aknavetőket.

This Tunisian Marder III now resides at the Sinsheim museum and carries a perforated rack on the side for a horizontal jerry can. The tactical symbol is for a motorized Kavallerie Aufklärungs-Zug (cavalry recon platoon) - an ‘A' is in the upper half. It is unclear whether the elephant head emblem is from Pz.Aufkl.Abt.33/15.Pz.Div. or Aufkl.Abt.(mot.)580/21. Pz.Div, but the latter seems most likely. Supposedly, the authorized mortars were replaced with Marders for these two reconnaissance formations.

Péter Kocsis Collection

Ezen az olaszországi roncsgyűjtő telepen készült felvételen összehasonlíthatjuk a Marder III Ausf. H és Ausf. M közötti különbségeket. Egyes alakulatokat nem ritkán mindkét változattal felszerelték. Az előtérben látható két Ausf. M kiválóan felvonultatja a korai és a kései gyártású verziók közötti eltéréseket: a hegesztett páncéltestet és a vezetőállást a közelebb álló járművön, illetve a szegecselt páncéltestet és az öntött vezetőállást a másikon. A Marder III Ausf. H eltérő kivitelezésű meghajtókerékkel rendelkezik, a harcászati jelzéseit egy kis táblára festették fel.

A vehicle dump in Italy provides a comparison between the Marder III Ausf.H and Ausf.M. It was not unusual for units to be equipped with both. The Ausf.M in the foreground show the primary difference between earlier and later production vehicles, namely a welded hull and driver's hood on the nearest vehicle versus riveted hull/cast hood on the other. The Ausf.H carries a different style of drive sprocket and tactical marking on the small plate.

NARA

Az amerikai 85. gyaloghadosztály katonái egy zsákmányolt, korai gyártású Marder III Ausf. M-et vezetnek az olaszországi Castellonorato közelében a „Diadém" hadművelet alatt, 1944. május 16-án. Mivel ebben a körzetben német részről a 94. gyaloghadosztály harcolt, ez a sötétsárgára festett jármű valószínűleg a 194. páncélvadászosztály 1. századához tartozott. A század 1943 decemberében 11 darab meglévő Marder III-t jelentett (alváltozat megjelölése nélkül), míg a 2. század olasz gyártmányú M42/75 Semovente rohamlövegekkel volt felszerelve.

US soldiers from the 85th Inf.Div. (not 45th as commonly reported) drive a captured early model Ausf.M near Castellonorato, Italy during Operation Diadem, 16 May 1944. Painted in solid dunkelgelb, it is probably from 1.Kp/Pz.Jg.Abt.194 since the 94.Infantrie-Division fought in this sector. 1st Company reported 11 Marder III (type not identified) in December 1943 whereas the 2nd Company was equipped with Italian Semovente M42/75s.

Péter Kocsis Collection

Ismét egy egyszínű, sötétsárga Marder III, ezúttal a keleti fronton. A képen jól látható a korai gyártású járművekre jellemző szegecselt páncéltest. Az Ausf. M-hez külön takaróponyvát terveztek a küzdőtérre. Figyeljük meg a csőtisztító rudakon ülő katona karja mögött a parancsnok számára kialakított megfigyelő ablakot!

Another solid dunkelgelb Marder III on the Russian front that clearly shows the upper hull riveting common to early production vehicles. The canvas cover over the fighting compartment was specifically designed for the Ausf.M – notice the top corner of the observation 'window' for the commander behind the crewmember sitting on the gun cleaning rods.

Péter Kocsis Collection

A felépítmény aljának oldalán kivezetett kipufogócsövet már a hegesztett páncéltest bevezetése előtt alkalmazni kezdték, így mind a képen látható korai, mind a kései gyártású Marder III Ausf. M-eken találkozhatunk ilyen megoldással. Ezen a háromszínű Marderen légvédelmi állványra szerelt MG 34-t fedezhetünk fel, ami nem túl gyakori ezeken a páncélvadászokon.

Prior to the introduction of the welded hull, the exhaust pipe was rerouted from the rear wall to come out of the side air intake instead. Therefore it can be seen on both early production Ausf.M such as this vehicle, and later production vehicles. This 3-color camouflaged Marder carries an MG-34 on an AA-mount, which is not commonly seen on Marder III.

Ez a kései gyártású Marder III Ausf. M egy németek általk zsákmányolt Sherman Firefly mellett áll, már a háború után, Hollandiában. Különleges „amőba" mintázatú álcázófestés látható rajta, a nagyobb olívzöld foltokat vörösesbarnával határolták körül. A lövegcsövön harminckét győzelmi karika fedezhető fel, a hasábkereszt felett pedig fehér szegélyes fekete „111" olvasható. A jármű eredetileg a 346. gyaloghadosztály 346. páncélvadászosztályának 1. századába tartozott, a jobb oldali vonószem feletti kereszt az alakulat jelzése lehetett.

This late Ausf.M sits next to a captured Sherman Firefly after the war in the Netherlands. It has a unique 'amoeba' style camouflage of olivgruen spots outlined in rotbraun on dunkelgelb. An impressive 32 kill rings are on the barrel and a tactical number '111' in black with a white outline is above the Balkenkreuz. The vehicle belonged to 1./Pz.Jg.Abt.346 of 346.Inf.Div. The solid white cross above the right tow hook could be a unit emblem.

NARA

A súlyosan megrongálódott Marder III Ausf. M-et az amerikai hadsereg őrmestere vizsgálgatja. A képen jól látható a kései gyártású járművek éles szélű, sarkosított, hegesztett vezetőállása. A járművet 1944 júliusának közepén lőtte ki a tüzérség valahol Franciaországban. Szintén a kései változatra jellemző a páncélteknő megnövelt oldallemeze, amelynek a túllógó részét átfúrva alakították ki a vonószemet, illetve az ezt megerősítő, háromszög alakú merevítőborda.

This heavily damaged Marder III Ausf.M being examined by a US Army Sergeant provides a clear view of the late production welded drivers hood with its sharp edges and corners. It was knocked out by artillery fire in mid-July 1944 somewhere in France. It also shows another late production feature – the elongated side hull plates with hole for a lifting hook and triangular stiffeners between the lower glacis plate and hull.

NARA

Két elhagyatott Marder a franciaországi Roncey-ban, 1944. augusztus 1-jén. Mindkét jármű a kései gyártási sorozatból származik, oldalt kivezetett kipufogóval. A roncey-i zsákba szorított egységek közül több is rendelkezett Marder III-okkal. Az alakulattörténete alapján ezek a páncélosok a 17. „Götz von Berlichingen" SS-páncélgránátos-hadosztály 17. SS-páncélvadászosztálya 3. századának a járművei. Az első Marderen fehér keretes piros „121"-es szám látható.

Two abandoned Marder in Roncey, France on August 1, 1944. Both are late versions with the revised exhaust pipe routed from the side intake. One of the few units allocated Marder III caught in the Roncey Pocket was 3./SS-Pz.Jg.Abt.17 /17.SS-Pz.Gr.Div. 'Götz von Berlichingen'. and since unit histories confirm some were present, they are probably from this unit as none escaped. The first vehicle carries a crooked '121' in red with white outline.

Péter Kocsis Collection

Az „556”-os harcászati azonosítószámú kései gyártású Marder III Ausf. M-en jól megfigyelhetőek az eltérések az előző képen látható korai változathoz képest: a páncéltest felépítmény alatti részén nincs szegecselés, ezt a változatot már hegesztették. A háromszínű álcázófestést a foltok élei alapján ecsettel festették.

Tactical number 556 (black with white outline) is a late Marder III Ausf.M that provides a comparable profile view to the early version shown previously. Compare the hull side below the superstructure; the lack of rivets on this welded version is noticeable. The roughly applied 3-color camouflage exhibits hard edges so was probably brush painted.

Péter Kocsis Collection

Kiemelkedő az aprólékosan kidolgozott háromszínű terepmintázata ennek a kései gyártású Marder III Ausf. M-nek. Jól látható a páncélteknő megnövelt oldallemeze a vonószemmel. A kép 1944 május-júniusában készült egy gyakorlaton. A páncéloson egyetlen jelzés, egy fekete-fehér hasábkereszt látható.

An elaborately painted 3-color camouflage scheme is the highlight of this late Marder III Ausf.M. The elongated front hull with lifting point is visible here as well. It is seen on exercise in France in May/June 1944. A black/white Balkenkreuz is the sole marking.

Péter Kocsis Collection

Két Marder III Ausf. M vonul egy francia földúton. A kép – az előzőhöz hasonlóan – egy sorozat része, amely a normandiai partraszállást megelőzően készült egy páncélvadász-alakulat gyakorlatáról. A járművek terepfestése hasonló, de ennek a Mardernek a személyzete még növényzettel is kiegészítette az álcázást. Figyeljük meg, hogy a löveg még rögzített állapotban van a hátsó lövegrögzítőhöz.

Two Marder III Ausf.M move up a French dirt track. These are from the same unit as the vehicle in the previous photograph, and are part of an extensive series of photographs taken during this Panzerjäger unit's training prior to the Normandy invasion. The camouflage scheme is similar to the other vehicle but this crew has attached foliage as well. Note that the rear travel lock for the gun is still engaged.

Péter Kocsis Collection

Az 1944 júliusáig Hornisse (Lódarázs), majd Nashorn (Orrszarvú) néven ismertté vált páncélvadász korai példányát egy kompon fényképezték le. A Hummel önjáró lövegen alkalmazott lövegrögzítő, a két fényszóró, a Pz.III Ausf. H-n használt meghajtókerék és a láncfeszítőkerék feletti hátsó tárolódoboz alapján ez a példány egyike az 1943 márciusában gyártott első 44 darabnak, és valószínűleg az 560. vagy a 655. nehéz páncélvadászosztály (schwere Panzerjäger-Abteilung – s.Pz.Jg.Abt.) járműve volt. A személyzet némileg feszültnek tűnik.

Called Hornisse (hornet) prior to July 1944 when the name was changed to Nashorn (rhinoceros), this early version is seen during a river crossing on a ferry. Given the initial Hummel style travel lock, twin headlights, Pz.Kpfw.III Ausf.H sprockets and the rear boxes/mud flaps over the idler, it is probably one of the first 44 produced in March 1943 and most likely belongs to schwere Panzerjäger-Abteilung 560 or 655. The crew seems nervous!

Péter Kocsis Collection

Ez a korai gyártású, 1944-ben lefényképezett „Hornisse" a „Nashorn" nevet viseli a súlytáblázata mellett. A hátuljára rögzített gázpalackok alapján tesztjárműként, vagy kiképzésre használták – a borítólemezek hasonlóak a vezető-képzésre (Fahrschule) használt Pz.IV-en láthatóakhoz. A löveg felett látható rács a takaróponyva tartására szolgálhatott. Figyeljük meg a felépítmény szélén lévő színeltérést!

This early Hornisse seen in 1944 has the name 'Nashorn' next to the shipping stencil. It is being used for testing or as a training vehicle given what appear to be stadtgas (city or coal gas) cylinders mounted on the rear. The covers are similar to those seen on Fahrschule (driving school) Pz.Kpfw.IV. The bracket atop the gun could be support for the roof tarp (notice the outline on the top edge of the superstructure).

Péter Kocsis Collection

Ezen a roppant saras, leponyvázott Nashornon megfigyelhetjük az új tervezésű, gyorskioldóval ellátott lövegrögzítőt. A jármű egyszínű sötétsárga, az emelője azonban valamiért sötétszürke. A löveg még az eredeti, hőálló szürkével van lefestve, minden bizonnyal nemrégiben cserélték. A jármű jelzése egyetlen hasábkeresztre korlátozódik.

The revised travel lock with quick release cable can be seen on this very muddy Nashorn with its roof tarpaulin in place. It appears to be in overall dunkelgelb, but for some reason the jack is still in dunkelgrau, whereas the gun barrel is probably in its original heat resistant grey, which could indicate a recent replacement. Markings are limited to a single Balkenkreuz.

Karlheinz Münch Collection

Az 1944 márciusában, a kamenyec-podolszki harcok során lefényképezett Befehlsjäger (parancsnoki) Nashorn a 88. nehéz páncélvadászosztály törzsszázadából (figyeljük meg a „D" típusú csillagantennát!) jól szemlélteti az alakulat járműveire jellemző különlegességet: egy párhuzamosított géppuskát szereltek a löveg fölé (ugyanilyen megoldást alkalmaztak korábban az egység Marderein is). Az alakulat jelzése – zöld tölgyfalevél egy kard felett fehér pajzson – a sárvédőn látható. A háromszínű álcázófestés kisejlik a téli meszelés alól.

Pictured in March 1944 during the battle of Kamenez-Podolzk, this Befehlsjäger Nashorn from Stabskompanie/s.Pz.Jg.Abt.88 – note the Sternantenne D at the rear – carries a modification unique to this unit, a 'coaxial' ranging MG-42 mounted above the gun barrel. Similar mounts were seen on their previous Marder II. The unit insignia, a green oakleaf over a sword on a white shield can be seen. 3-color camouflage is visible under the whitewash.

Péter Kocsis Collection

A 88. nehéz páncélvadászosztály kártyaszimbólumokat használt a századok jelölésére, és valószínűleg eltérő színekkel különböztette meg a szakaszokat, bár ennek pontos mikéntjét nem ismerjük. A közelebbi Nashornon a „fekete treff" látható, amelyet az 1. vagy a 2. század használt, a felépítmény hátsó, alsó sarkában pedig „06"-os harcászati azonosítószám fedezhető fel. Mindkét járműre felszerelték a párhuzamosított géppuskát, bár az előtérben állón le van ponyvázva. Figyeljük meg, hogy a hátsó ajtó belsejét is terepszínűre festették!

Schwere Pz.Jg.Abt.88 used playing card symbols to designate companies and probably colors to identify platoons, but the exact composition is unknown. The nearest Nashorn carries a black club signifying either 1st or 2nd company, and it appears to have tactical number '06' in the lower rear corner. Both vehicles carry the co-axial MG, although the nearest one is covered with a tarp. Notice that the rear door interior is also camouflaged.

Péter Kocsis Collection

Egy Sd.Kfz. 9 FAMO egy sérült Nashornt vontat, amelynek a vontatáshoz elöl és hátul is lerövidítették a lánctalpát – ez elég szokatlan látvány, és arra utal, hogy mind a váltómű, mind a láncfeszítőkerék megsérült. A páncélvadászon a 88/3. nehéz páncélvadász-század „piros kőr" jelzése látható, és halványan a fekete-fehér hasábkereszt is észrevehető.

An Sd.Kfz.9/1 Famo provides assistance to a damaged Nashorn that has been 'short-tracked' for towing both front AND rear, which is highly unusual and may indicate it suffered both transmission and idler wheel damage. It carries the red heart marking of 3.Kompanie/s. Pz.Jg.Abt.88 and a black/white Balkenkreuz is just visible.

Péter Kocsis Collection

Közeli kép az előző eseményről, miután a személyzet eltávolította a váltóművet. A terepszín a sötétsárgára festett olívzöld foltokból és sávokból áll. Figyeljük meg, hogy a lövegrögzítő felső része a 8,8 cm-es Pak43 csövéhez rögzítve maradt!

A close-up of the previous scene after the crew has removed the transmission. Camouflage consists of broad olivgruen patches and stripes over the dunkelgelb base. Notice how the top portion of the travel lock stays attached to the 8.8cm Pak43 barrel.

Péter Kocsis Collection

Ez a kései gyártású Sd.Kfz. 9 FAMO egy másik, szintén lerövidített lánctalpú Nashornt vontat, amelyet azonban a szélesített „keleti lánctalppal" (Ostketten) szereltek – ez igazán ritka látvány páncélvadászon. A futómű egyik felfüggesztése teljesen hiányzik, és több görgőről is levált a gumiabroncs. A képen látható a késői gyártású járművekre jellemző „U" alakú merevítőcső a helyretoló szerkezet felett és a leegyszerűsített lövegpajzs, amelyen már nincs nyílás a közvetlen irányzáshoz.

This late model recovery version of the Sd.Kfz.9 Famo tows another short-tracked Nashorn, although this one is equipped with the wider Ostketten (eastern track), very rarely seen on Nashorn. One complete suspension assembly is missing and other roadwheels are missing the rubber. Features of later vehicles visible include the strengthening loop over the gun recuperator and the solid gunshield without the slot for a direct fire sight.

Péter Kocsis Collection

Ennek a Nashornnak a személyzete láthatólag alábecsülte a víz mélységét – legalábbis abból ítélve, hogy a rádiókezelő felettébb el akarja hagyni a helyét. Az álcázónövényzet alatt, a bal oldalon két tartalék futógörgő látható, és úgy tűnik, a takaróponyvát is terepszínűre festették.

This crew appears to have misjudged the water depth as the radio-operator seems to be vacating his position rather quickly. Two spare roadwheels are carried on the left side under the foliage and the roof tarpaulin appears to be camouflage painted as well.

Péter Kocsis Collection

A rohamtüzérség számára kifejlesztett StuG. III-t 1943-tól a páncélvadászok számára is elkezdték kiutalni. Ez a StuG. III Ausf. F azonban a 667. rohamlövegosztály (Sturmgeschütz-Abteilung 667) járműve, Rzsev közelében, 1942 nyarán. Az alakulat ágaskodó unikornis jelvénye ugyan nem látható, de a tartalék futógörgő elhelyezése, és a ráerősített táblára festett hasábkereszt jellegzetesen erre az egységre utal. A vezető feletti rész páncélzatát betonnal erősítették meg.

Developed for the assault artillery, by 1943 the Sturmgeschütz III was beginning to be issued to the Panzerjäger as well. However, this StuG.III Ausf.F belongs to StuG.Abt.667, seen near Rzhev in the summer of 1942. The rampant unicorn emblem is not visible but the unique spare roadwheel storage with Balkenkreuz on the plate is quite distinctive. It also has concrete in-fill above the driver.

A 209. rohamlövegosztály jelzését (vörös ördögfej fehér vagy sárga pajzson) viselő StuG. III Auf. F/8 műszaki mentésre vár, miután 1943. január 28-án leszakadt alatta a Donyec folyón átívelő híd. A fekete „F" betű a jármű azonosítójele. A rohamlövegek a háború elején számok helyett betűjelzéseket kaptak – ezt a rendszert a tábori tüzérségtől vették át, ahol az ütegek egyes lövegeit jelölték így.

This StuG. III Ausf.F/8 carries the insignia of StuG.Abt.209, a red devil's head on a white or yellow shield. It is awaiting recovery on January 28, 1943 after a bridge over the Donetz River collapsed. The black letter 'F' is the vehicle identifier – Sturmgeschütz batteries used letters instead of numbers early in the war, a carry-over from identifying individual guns in a field artillery unit.

Péter Kocsis Collection

Két StuG. III Ausf. F/8 egy harmadik rohamlöveg műszaki mentésén ügyködik 1943 januárjában Velikije Luki körzetében. A frontpáncélra festett fehér koponya a Totenkopf SS-páncélgránátos-hadosztaly jelzésére hasonlít, ám feltehetően ezek a jarművek a 6. Luftwaffen-Feld-Division jarművei. Figyeljük meg, hogy mindhárom páncélos felépítményének a bal oldalára (a rádiókészüléket rejtő páncélzatra) tartalék lánctagokat erősítettek, a harmadik járművön erre még egy dobozt is felhelyeztek!

Two StuG. III Ausf.F/8 work to free another in the Velikije Luki area early in 1943. The skull and crossbones marking on the lower plate, painted in white over the dunkelgrau basecoat, resembles the insignia of SS-Panzergrenadier-Division Totenkopf but these could be from the 6. Luftwaffen-Feld-Division. Note that all three carry spare tracks on the front of the radio pannier, while the first has an unusual box above it.

Az előző képen látott, elakadt StuG. III Ausf. F/8. A személyzet eltérő koponyát és csontokat festett rá, a téli álcázófestése pedig a többi, egységesen fehérre meszelt járműhöz képest sokkal látványosabb – helyenként látható maradt az eredeti sötétszürke alapszín. A rohamlöveg 7,5 cm-es StuK40 L/48 lövegén a ritkán látható gömb alakú csőszájfék van. A rövidebb, L/43 löveg csövére nem lehetett ezt a típust felszerelni.

The stuck StuG. III Ausf.F/8 from the previous picture seen in better days. It carries a different style of skull and crossbones, and the crew has purposely left squiggles of dunkelgrau visible, unlike the other vehicles that had a solid, rough whitewash coat applied. Its 7.5cm StuK40 L/48 gun has the rarely seen globular/ball-shaped single baffle muzzle brake – note that the shorter L/43 gun is not related to the use of this muzzle brake.

Péter Kocsis Collection

Egy korai gyártású, sötétsárga StuG. III Ausf. G Olaszországban, 1943 szeptemberében. Szokatlan a „421"-es azonosítószám – a parancsnoki kupolára fehérrel, a köténylemezre sárgával festették fel. Szintén ritka, hogy a középső, két lemezből álló köténylemez tagot a kötényzet belső részére erősítették – ezek gyárilag kívül voltak rögzítve. Figyeljük meg, hogy a járművön két antenna van! Valószínűleg ez egy parancsnoki kocsi.

An early Stug III Ausf.G painted overall dunkelgelb in Italy, September 1943. The tactical number '421' is unusual – painted in two different styles on both the commander's cupola in white and the schurzen (skirts) in yellow. It is also very unusual to see the half-panel of double-laminated interior schurzen carried on the inside; from the factory they were installed on the outside. Note the two antennas – this is probably a command vehicle.

Az előző képen látott rohamlöveg alakulatához tartozó másik StuG. III Ausf. G, alig látható „422"-es harcászati azonosítószámmal a parancsnoki kupolán és a köténylemezen. Akárcsak az előző esetben, a középső köténylemez felső tagja itt is belülre lett felerősítve. Minden bizonnyal az alakulat összes páncélosát így szerelték fel, feltehetőleg azért, hogy elkerüljék a sérüléseket, illetve, hogy ha beleakadt valami a kötényzetbe, akkor mindkét lemez elvesszen.

Another Stug III Ausf.G from the same unit as the previous picture, with a barely visible tactical number '422' in the same locations on the cupola and schurzen. This vehicle also carries the reversed schurzen, with the half panels on the inside, so it was probably a unit wide modification, perhaps to avoid losing both panels if they caught something and tore off.

Péter Kocsis Collection

Ezen a kései gyártású StuG. III Ausf. G-n nem a megszokott módon helyezték el a tartalék futógörgőket, és tábori körülmények között a kötényzetet is átalakították: a félbevágott, átfúrt lemezeket a sárvédő szélére erősített kis csövekre rögzítették, és külön lemezeket helyeztek a felépítmény oldalára. A páncéloson öntött lövegpajzs van (kiolvashatatlan névvel) és a csak 1943 novembere és 1944 januárja között a MIAG által használt, a kerékagyat takaró lemezzel ellátott meghajtókerékkel szerelték.

This later StuG. III Ausf.G carries unusual roadwheel stowage and a widespread field modification of the schurzen that helped protect them from loss – cut down sections pivoted on tubular supports mounted on the fenders, and additional pieces were secured to the superstructure. It also carries a cast gun mantlet (with illegible name) and rare drive sprockets with a cover plate over the hub socket, only installed by MIAG from Nov'43 – Jan'44.

Péter Kocsis Collection

A rendelkezésre álló harckocsik kis mennyisége miatt számos egységet rohamlövegekkel szereltek fel. Ezeket a franciaországi Thenezay-ben felsorakozott StuG. IV-eket a 17. „Götz von Berlichingen" SS-páncélgránátos-hadosztály 17. SS-páncélososztályának adták át 1944 áprilisában. Ennek a járműnek már kései változatú, négyszögletes zárófedél van a vezetőállásán és öntött láncfeszítőkerékkel szerelték fel, de korai kivitelezésű vonószemekkel látták el. A lövegcső még hőálló szürkével van lefestve.

The shortage of tanks meant that many units received Sturmgeschütz instead. These StuG. IV are newly issued vehicles to SS-Panzer-Abteilung 17/17.SS-Pz.Gr.Div. 'Götz von Berlichingen'. seen during a muster at Thenezay, France in April 1944. This vehicle has the later rectangular driver's hatch and cast idlers, but retains the original tow brackets. Its gun barrel is still painted in the dark grey heat resistant paint they were delivered in.

Péter Kocsis Collection

Ez egy nagyon különleges StuG. IV. A meghajtókereke és a váltóműve egy PzKpfw.IV Ausf. G-ről származik (Az Ausf. G és Ausf. H láncfeszítői nem voltak csereszabatosak), amelyek gyártását már beszüntették a StuG. IV gyártásának kezdetekor. A köténylemezen zimmeritezés látható, amely a „141"-es azonosítószám és a hasábkereszt helyén ki van hagyva. Az önjáró páncélvadász-század harcászati jelzése – alatta kiolvashatatlan írással – azonban a zimmeritezésre került.

This is a very unique StuG.IV. It carries Pz.Kpfw.IV Ausf.G drive sprockets and final drives (Ausf.G and H sprockets were not interchangeable) which were discontinued prior to the start of Stug.IV production. It also carries zimmerit on the skirts with a bare spot for the black/white outline number '141' and Balkenkreuz. The tactical sign for a self-propelled Panzerjäger company has illegible writing below it and is applied over the zimmerit.

Péter Kocsis Collection

Luftwaffe katonák lőszerrel töltik fel ezt a StuG. IV-t Olaszországban, 1944-ben. A sűrű álcafoltozású köténylemezeken súlytáblázat és szokatlan, „161"-es harcászati azonosítószám látható. A vezetőnyílás zárófedelének ütközőbakját leszerelték, így az vízszintesen áll, a vezetőállás elején és oldalán betonnal erősítették a védelmet. A frontpáncélra erősített pót lánctagokba vonószemeket akasztottak. Ezek és a parancsnok fekete sapkája alapján ez a rohamlöveg a 90. páncélgránátos-hadosztály 190. páncélososztályának állományába tartozott.

Luftwaffe troops bring ammo to this StuG. IV in Italy during 1944. A loading stencil and unusual tactical number '161' in black are on the heavily camouflaged schurzen. The driver's hatch stoppers have been removed so it lays flat and concrete added to the front and side of the compartment. Clevises hang from the front track. These features and the black field cap worn by the commander suggest it's from Pz.Abt.190/ 90.Panzergrenadier-Division.

Ez a korai gyártású (a páncélzata még csavarozott, nem hegesztett) StuG. IV elvesztette a kötényzetét, a személyzete tartalék lánctalptagok sokaságával erősítette meg a páncélvédelmét. A festetlennek tűnő bal első sárvédő tábori körülmények között készült pótlás. A vezetőálláson, a lánctagokra helyezett csákány feje mellett jól látható a vezetőnyílás kései kivitelezésű, négyszögletes zárófedelének ütközőbakja.

This early production StuG. IV - note the bolted armor (not welded) on the right side of the gun – has lost its schurzen but the crew has added considerable amounts of track for extra armor. The front fender is a field fabricated replacement that appears unpainted. A good view is provided of one of the driver's hatch stoppers beside the head of the pickaxe stuck in the track tooth. The hatch is the later rectangular version.

Péter Kocsis Collection

A következő négy fénykép 1944 tavaszán készült az ukrajnai Proszkurovban (napjainkban Hmelnickij), és a németek által hátrahagyott StuG. III és StuG. IV-ek oszlopát ábrázolja. A sor elején álló StuG. IV kezelőszemélyzete a köténytartó sín mögé „raktározta” a köténylemezek egy részét. Az előtérben egy ismeretlen alakulat Marder III Ausf. M páncélvadászának a roncsa látható, az oldalán csak részben kiolvasható (??13) fehér zsákmányszámmal.

The next 4 photos were taken in the spring of 1944 and show a column of StuG. III and IV abandoned in the Proskurov, Ukraine area (modern day Khmelnytskyi). The crew of the first StuG. IV appears to have salvaged lost Schürzen and placed them behind the rail. The vehicle in the foreground is a Marder III Ausf.M. from an unknown unit, with a partially legible Russian trophy number ‘?? 13’ in white painted on.

Péter Kocsis Collection

Az oszlop harmadik járműve egy öntött lövegpajzzsal felszerelt StuG. III mögött. Az első páncélostól eltérően, amelynek öntött láncfeszítőkereke van, ezen a járművön hegesztett láncfeszítőkerék látható (a két típus csereszabatos volt). A StuG. mellett egy köténylemez hever a földön. Az oszlop összes járművén viseltes téli álcázófestés nyomai fedezhetőek fel. A háttérben egy szovjet, 1943-as gyártású GAZ-MM teherautó áll.

This is the third vehicle in line, behind the StuG. III with cast mantlet. Unlike the first vehicle with a cast idler, this one carries the tubular welded idler, which were interchangeable. A schurzen plate is laying on the ground in front of the StuG. All vehicles in the column appear to carry a worn whitewash finish. In the background is a Russian 1943 production GAZ-MM truck.

Péter Kocsis Collection

Újabb fénykép az oszlop második StuG. IV-éről. Akárcsak az éljárművön, ezen is csak egy fekete-fehér hasábkereszt látható a vezetőállás oldalán. A körzetben a 301. rohamlövegdandár és a 101. vadászhadosztály 101. páncélvadászosztályának 2. és 3. századai harcoltak, így ezek a rohamlövegek valószínűleg ezen egységek valamelyikéhez tartoztak. A képen látható jármű kötényzetének nagy része épnek látszik.

Another picture of the second StuG. IV. Like the first StuG. IV, the only visible marking is a black/white Balkenkreuz on the side of the driver's compartment. Both 2. and 3.Kompanies/ Sturmgeschütz-Brigade 301 and Pz.Jg.Abt.101/101.Jäger-Division fought here so these StuG. are probably from one or both units. This vehicle still has most of its Schürzen intact.

Az előző fényképen látható StuG. III, mögötte két további StuG. IV. A lövegcsőre festett „35"-ös szám feltehetőleg a jármű eredeti, német azonosítószáma, nem orosz zsákmányszám. Figyeljük meg, hogy a lövegpajzs bal felső sarkán hiányzik a csavar, a láncfeszítőkerék pedig a kései változat a kerékagyat takaró fedőlemez nélkül, a fém visszafutógörgők pedig a 6 merevítővel gyártott, átfúrt változatok!

This is the StuG. III seen in the background of the last photo, followed by two more StuG. IV. The black number '35' is presumably a vehicle number and not a Russian trophy number. Note the missing mantlet bolt in the top left corner, as well as the late pattern sprockets without the hubcap and 6-spoke steel return rollers with holes. It is interesting that most of the vehicles have one of the front inspection hatches open.

AMC

Ennek a Franciaországban hátrahagyott StuG. IV-nek a sárvédőjén az 1. páncélvadász-századot jelölő harcászati jelzés a 17. SS-páncélvadászosztály rohamlövegein látható jelzésre hasonlít, így valószínűleg szintén a „Götz von Berlichingen" hadosztályhoz tartozott. Furcsa módon a felépítménynek csak a felső része lett zimmeritezve. A három tartalák lánctalp tag alatt fekete-fehér hasábkereszt fedezhető fel, a sötétsárga alapszínre olívzölddel festettek álcázószínt.

This abandoned StuG. IV in France carries a tactical emblem on its fender for the 1st Company of a Panzer-Abteilung, quite similar to those seen on Stug from SS-Panzer-Abteilung 17, so it may belong to 'Götz von Berlichingen' (GvB). Oddly, only the upper portion of the side appears to have zimmerit. A black/white Balkenkreuz is below the three track links. Camouflage is olivgruen patches on dunkelgelb.

NARA

Ezt a roncey-i katlanban megsemmisített StuG. IV-t szintén a 17. „GvB" SS-páncélgránátos-hadosztály 17. SS-páncélososztályának tulajdonítják, és az előző képen látott rohamlöveghez hasonlóan vannak elhelyezve a tartalék lánctalp tagok. A jármű első részén látható a hasáb-kereszt. A képen felfedezhető a StuG-okra oly' jellemző tábori kiegészítés: a lövegpajzs fölé egy fémlemezt erősítettek, amely megakadályozta, hogy az esetlegesen odahulló törmelék akadályozza a löveg mozgatását. Figyeljük meg az esővetőt a vezetőálláson!

This StuG. IV, destroyed in the Roncey pocket, is also attributed to SS-Pz.Abt.17/17.SS-Pz.Gr.Div. 'GvB'. and carries identical track link stowage on the superstructure side as in the previous photo. A Balkenkreuz is just visible on the forward side. A common field modification made to Stug is seen – a metal cover over the gun mantlet to protect against debris jamming the area. Note the rain gutter to keep water out of the driver's area.

NARA

Ezt a StuG. IV-t az amerikai 776. páncéltörő zászlóalj egyik M-36 páncélvadásza lőtte ki a franciaországi Sarreguemines körzetében, 1945. március 9-én. Az öntött lövegpajzson a „Kunigunde" név olvasható. A páncéloson nincs zimmeritezés és lángrejtővel ellátott kipufogóval van felszerelve, de még négy visszafutógörgővel rendelkezik – ezek alapján 1944 őszén gyártották. Feltételezhetően szintén a 17. „Götz von Berlichingen" SS-páncélgránátos-hadosztály állományába tartozott.

Seen in the Sarreguemines area of France on March 9, 1945, this StuG. IV was knocked out by M36 tank destroyers from the 776th Tank Destroyer Battalion. It carries the female name 'Kunigunde' on the cast mantlet. The vehicle was manufactured in the fall of 1944, since it lacks zimmerit and has Flammentoter (flame suppressing) exhausts, but still retains 4 return rollers. It may be from 17.SS-Pz.Gr.Div.'GvB' as well.

Péter Kocsis Collection

Ez a frissen kiutalt, Ferdinand épp csak beérkezett a franciaországi Rouen-be 1943 májusában, hogy megkezdje a kiképzést a 654. nehéz páncélvadászosztállyal. A 150047 alvázszámú páncélos egyike a legyártott kilencven darabnak, amelyek nem rendelkeztek lövegpajzzsal, ezeket utólag szállították ki a csapatokhoz. A 654. nehéz páncélvadászosztály 1939-ben még vontatott, 3,7 cm-es páncéltörő ágyúkkal volt felszerelve, majd 1942 decemberében Marder II (Sd.Kfz.131) páncélvadászokat kapott. Az egységet később megtizedelték a keleti front összecsapásaiban.

This newly issued dunkelgelb Ferdinand has just arrived in Rouen, France in May 1943 to begin training with schwere Panzerjäger-Abteilung 654. Chassis number 150047 out of the 90 built lacks a gun shield, which were delivered later for unit installation. Pz.Jg.Abt.654 was initially equipped with 3.7cm towed guns in 1939 but eventually received Marder II (Sd.Kfz.131) in December 1942. It was decimated on the Eastern front shortly thereafter.

Péter Kocsis Collection

A 653. nehéz páncélvadászosztály 3. századának még álcázó festés nélküli „331"-es számú Ferdinandját az ausztriai Parndorfban fotózták le 1943. június 11-én, bevagonírozás közben. A frontpáncélzaton, a vonószem mellett a 197. rohamlövegosztály 3. századának jelzése látható (fekete ágyú és sas sárga címerpajzsban). A rohamlövegosztályt 1943. április 1-én szervezték át nehéz páncélvadászosztállyá, így került a tüzérségtől a páncélos fegyvernemhez.

Ferdinand '331' from 3.Company/s.Pz.Jg.Abt.653 is seen loaded for transport to the Eastern front at Parndorf, Austria on June 11, 1943, still without camouflage. The insignia from 3./Sturmgeschütz-Abteilung 197, a black cannon eagle on yellow crest, can just be seen on the glacis plate beside the towing shackle. StuG.Abt.197 converted to Pz.Jg.Abt.653 on April 1 and thus the unit transferred from the assault artillery branch to armor.

Péter Kocsis Collection

Még egy fénykép a „331”-ről, amelyen tisztán kivehető a fekete, csak kontúrvonalból álló harcászati azonosítószám a felépítmény oldalán és hátul a bal oldalon. Figyeljük meg, hogy az alsó kapaszkodórúd már megsérült! Az alakulatjelzés címerpajzsa a jobb sarokban, illetve a páncéltest jobb oldalán a hasábkereszt szomszédságában látható. Az ekkor még ismeretlen járműveket teljesen leponyvázták az Oroszországba történő szállítás során. A „331” megsemmisülhetett a kurszki csata során.

Another photo of 331 that clearly shows black outline tactical numbers on both the superstructure side and left rear. Note that the lower rear grab handle has already been damaged. The unit crest is visible on the right rear and also partially obscured beside the Balkenkreuz on the hull side. The heretofore unknown vehicles were fully covered by tarpaulins during transport to Russia. 331 would be destroyed in the Kursk offensive.

Péter Kocsis Collection

A képen ugyan nem látszik az azonosítószáma, de ez a Ferdinand (alvázszáma 150012) a 653. nehéz páncélvadászosztály 1. századának a „124"-es járműve 1943 júliusának elején, a „Zitadelle" hadművelet kezdetén. A páncélost már terepszínűre festették, a RAL 6003 olívzöld foltokat részben RAL 8017 vörösesbarnával keretezték, és lefestették az alakulatjelzéseit. Jól látható a még Franciaországban felszerelt lövegpajzs.

Although the number isn't visible, this is Ferdinand '124' (chassis number 150012) from 1./s. Pz.Jg.Abt.653 seen in early July at the start of Operation Citadel. It has now been camouflaged with large olivgruen RAL 6003 patches partially outlined in rotbraun RAL 8017 and any unit crests painted over. Also visible is the gun shield added in France prior to moving to Russia.

Péter Kocsis Collection

A „124"-es Ferdinand, útban Dnyepropetrovszk felé 1943 augusztusának végén, immáron jól látható harcászati azonosítószámmal. A tartalék antenna tárolócsöve fölött az elveszett tárolódoboz körvonalai és rögzítőpontjai láthatóak. A láda nyomát a kezelőszemélyzet némi álcafestéssel igyekezett eltüntetni. Ez a tároló a harcok során roppant sérülékenynek bizonyult, ezért több kezelőszemélyzet áthelyezte hátulra a maga páncélosán, a kipufogó takarólemezére. A „124"-esen a felépítmény hátuljára, annak felső részére is felszereltek egy tárolódobozt.

Ferdinand '124' is seen during the move to Dnepropetrovsk in late August 1943, providing a clear view of the tactical number. It lost its toolbox but the mounting points and outline are still visible above the spare antenna tube. The crew has added camouflage to the vacant spot. The box proved vulnerable and easily damaged, and some crews relocated them to the rear exhaust cover. 124 had a stowage box mounted on the rear upper superstructure.

A „121"-es Ferdinandon megfigyelhetjük az áthelyezett tárolódobozt és a 653. nehéz páncélvadászosztály sajátos jelzési rendszerét: a jobb felső sarokba festett különböző színű négyzetek a századokat és szakaszokat jelölték. Az 1. század 2. szakaszának járműveire fehér négyzetben átlós vörös sávot festettek, illetve ennek a a bal sarka fölé egy kisebb, fehér körvonalú négyzetet az antenna bekötési pontja mellé. A személyzet az emelőt, és annak fa alátétjét (jelen esetben ez hiányzik) is áthelyezte hátulra.

A rear view of Ferdinand '121' shows the relocated toolbox, as well as the unique marking system used by s.Pz.Jg.Abt.653 consisting of colored squares in the upper right rear denoting companies and platoons. 2nd Platoon, 1st Company used a solid white square with a red diagonal stripe, with a smaller white outline square on the upper left beside the antenna base. The crew has also moved the jack and jack block (missing here) from the bow.

Péter Kocsis Collection

A „112”-es Ferdinandról készült képen – amin azt láthatjuk, amint a páncélost 1943 júliusában Orjol körzetéből vasúton Karacsevbe szállították – megfigyelhetjük az alakulat jelölési rendszerét. Jelen esetben a két fehér négyzet az 1. század 1. szakaszát jelenti. Ezen a páncélvadászon szintén áthelyezték hátulra a szerszámosládát és az emelőt, illetve az eredetileg a páncéltest bal oldalán elhelyezett kalapácsot is. A „121”-sel ellentétben erre a Ferdinandra csupán fehér hasábkereszt került.

This photo of Ferdinand ‘112’ loaded at Orel bound for Karatchev in July 1943 provides a clearer view of the marking system, in this case two solid white squares denoting 1st Platoon, 1st Company. This vehicle also has the relocated toolbox and jack, as well as the hammer from the left hull side (only its brackets are seen on ‘121’). Unlike 121 with a black/white Balkenkreuz on the toolbox, this one is white outline only.

Péter Kocsis Collection

1943 decemberében a megmaradt 48 darab Ferdinandot visszaszállították a gyárba és átépítették, hogy kiküszöböljék a hiányosságaikat. A járművek nevét 1944 februárjában hivatalosan Elefantra változtták. Ezen az Olaszországban, valószínűleg a bal meghajtókereket ért sérülés miatt hátrahagyott Elefanton megfigyelhető néhány átalakítás: a gömb-pajzzsal szerelt homlokgéppuska, a parancsnoki kupola és a zimmeritezés.

In December 1943 the remaining 48 Ferdinands were returned to the factory for re-build and to rectify some of the deficiencies. Coincidently, the name officially changed in February 1944 to Elefant. This abandoned Elefant in Italy, probably disabled by a hit to the left sprocket, clearly shows some of the changes – a ball-mounted machinegun on the glacis, commander's cupola and zimmerit.

Péter Kocsis Collection

Az előző fényképen látható Elefant egy másik szögből. Megfigyelhetjük az átépítés egy újabb részletét: a lövegpajzs immáron fordítva, csavarokkal kifelé van felszerelve. A zimmeritezést csak olyan magasságig vitték fel a felületre, ameddig egy álló ember felnyújtózkodva felrakhatott egy mágneses tapadóaknát a páncélos oldalára. A 653. nehéz páncélvadászosztálynak csak az 1. századát szállították Olaszországba 1944 februárjában, állományában 11 löveggel. Ezek közül 1944 augusztusáig csupán kettő darab maradt meg.

The same Elefant seen in the previous picture shows another change during re-building – reversing the gun shield with the bolts facing the outside. Zimmerit only went as high as a man could reach to attach a magnetic mine. Only the 1st Company of s.Pz.Jg.Abt.653 went to Italy in February 1944 with 11 guns and all but 2 were lost by early August.

Kétséges, hogy ugyanazt a járművet látjuk az átépítést követően, de ismét az 1. század „124"-es páncélosa látható a képen, immáron Elefantként. A járművet műszaki probléma miatt a saját kezelőszemélyzete robbantotta fel június 10-én az olaszországi Viterbo közelében fekvő Soriano del Cimino nevű város III. Viktor Emanuel terén. Az álcázófestés nagyon halvány olívzöld festékkel készült a sötétsárga alapszínre, a harcászati azonosítószám fehér. A jobb oldai futómű egyik felfüggesztése a homlokpáncélon hever.

Although doubtful that this is the same chassis after re-build, we get to see 1st Company's '124' again in its Elefant guise, this time after being blown up by the crew due to mechanical problems on June 10 in the Piazza Vittorio Emanuele III of Soriano del Cimino, near Viterbo, Italy. Camouflage is very light patches of olivgruen over dunkelgelb and a solid white tactical number. A suspension unit from the right side is laying on the glacis.

A „102"-es Elafantot (alvázszáma 150071) amerikai katonák vizsgálják, miután a személyzete motortűz miatt 1944 május 24-én hátrahagyta Cisterna és Cori között, amely napjainkban az Egyesült Államokban, az Aberdeen-i kiképzőtelepen látható, mint kiállítási tárgy. A harcjármű felépítményének hátulján, a jobb felső sarokban, a fehér „102"-es szám mellé a jármű parancsnokának (Ulbricht százados) neve után egy gótbetűvel írt „U"-t festettek. Ez a páncélvadász az átépítési programot megelőzően a 654. nehéz páncélvadászosztály „633"-as számú járműve volt.

Elefant '102' (chassis no. 150071) being examined by U.S. soldiers after it was abandoned on May 24, 1944 between Cisterna and Cori due to an engine fire. It was recovered and currently resides at Aberdeen Proving Ground, USA. Besides the white 102, a white Gothic letter 'U' was in the rear upper right of the superstructure for its commander Hauptmann Ulbricht. This vehicle was originally Ferdinand '633' from s.Pz.Jg.Abt.654 before rebuild.

A SOROZAT EDDIG MEGJELENT KÖTETEI
AVAILABLE IN THIS SERIES

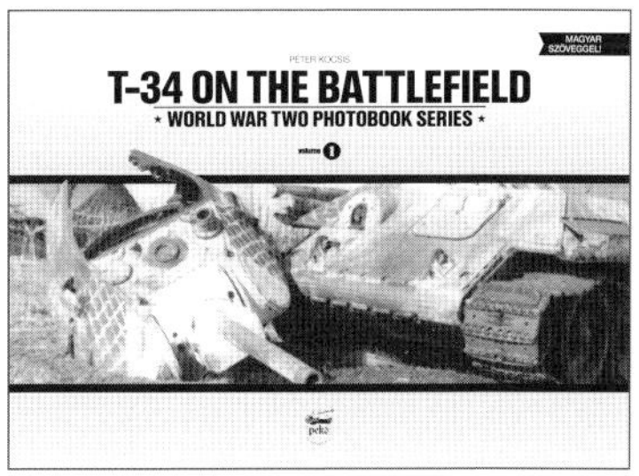

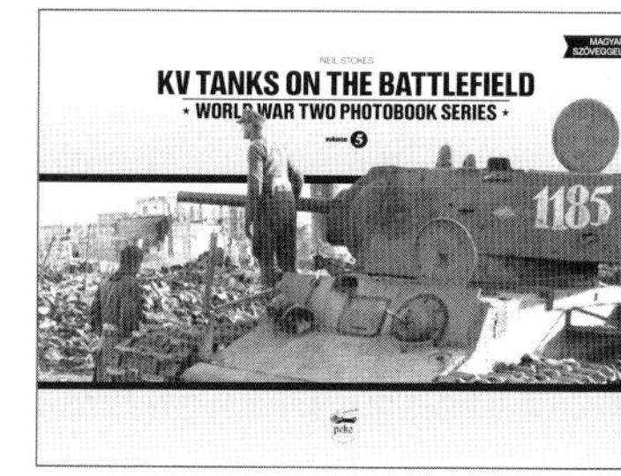

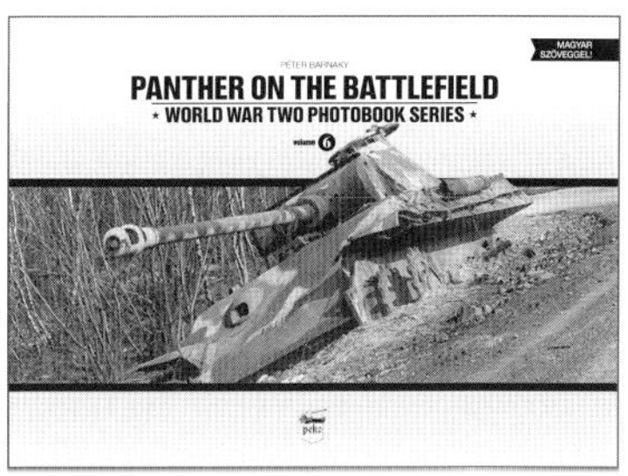

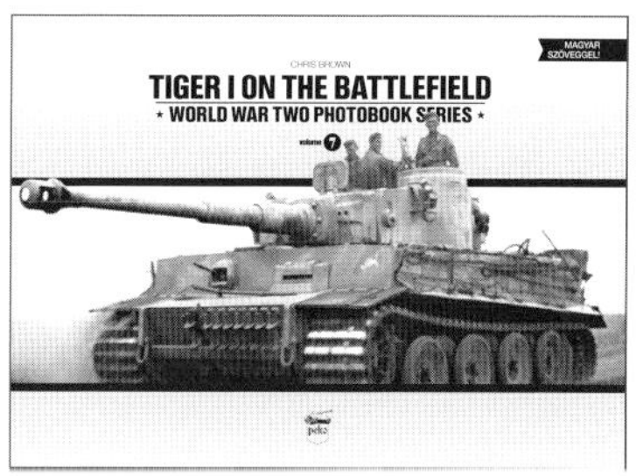

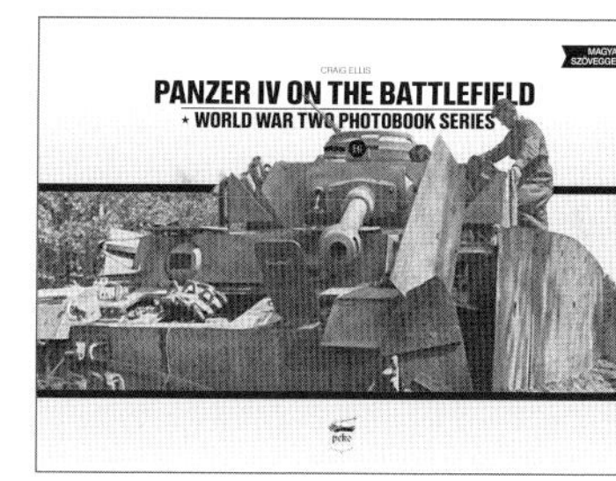

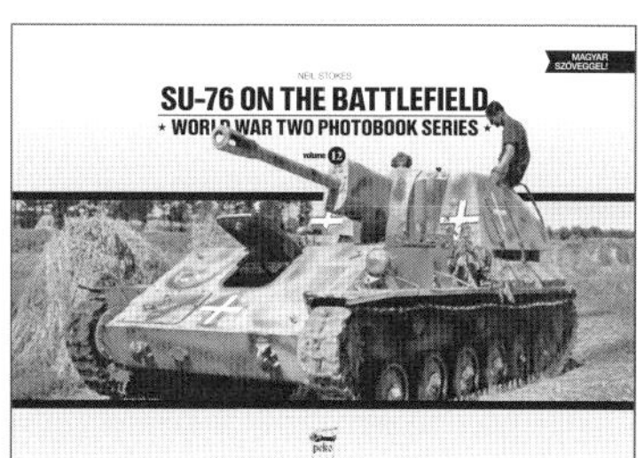